茶当酒集

马未都 著

中信出版集团 | 北京

图书在版编目（CIP）数据

茶当酒集 / 马未都著 . -- 北京：中信出版社，
2017.9（2019.9 重印）
ISBN 978-7-5086-7307-3

Ⅰ . ①茶… Ⅱ . ①马… Ⅲ . ①收藏—中国—通俗读物
Ⅳ . ① G262-49

中国版本图书馆 CIP 数据核字（2019）第 031973 号

茶当酒集

著　　者：马未都
出版发行：中信出版集团股份有限公司
（北京市朝阳区惠新东街甲 4 号富盛大厦 2 座　邮编　100029）
承 印 者：鸿博昊天科技有限公司

开　　本：880mm × 1230mm　1/32　　印　　张：12.25　　字　　数：151 千字
版　　次：2019 年 9 月第 1 版　　印　　次：2019 年 9 月第 3 次印刷
广告经营许可证：京朝工商广字第 8087 号
书　　号：ISBN 978-7-5086-7307-3
定　　价：58.00 元

目录

新版自序 / i

初版自序 / ii

1. 艺术之光 / 002
2. 收藏之乐 / 005
3. 青瓷之美 / 008
4. 捉刀代笔 / 011
5. 秘色千年 / 014
6. 唐三彩祭 / 018
7. 秦兵马俑 / 022
8. 南青北白 / 026
9. 正德的花瓶 / 030
10. 鬼谷下山青花罐 / 036
11. 倾听自然之声 / 041
12. 一台没有重心的晚会 / 045
13. 宋人与宋枕 / 048
14. 宫花拂面倾城色 / 053

15. 收藏是一种证物 / 057
16. 乾隆青花荷花纹贯耳大瓶 / 062
17. 古家具的尊严 / 065
18. 君子无故，玉不去身 / 070
19. 养在深闺人未识 / 075
20. 成杯一双，值钱十万 / 079
21. 天下第一奇案 / 083
22. 获得与炫耀 / 087
23. 窗含西岭千秋雪 / 091
24. 元青花的仿制 / 096
25. 陶瓷收藏之路 / 102
26. 清代瓷制笔筒 / 107
27. 飞青 / 111
28. 鼻烟壶传奇 / 115

29. 收藏的分类 / 122
30. 收藏的角度 / 125
31. 收藏的乐趣 / 128
32. 收藏的准备 / 131
33. 收藏的前景 / 134
34. 收藏的情感投资 / 137
35. 收藏的智力投资 / 140
36. 收藏的身份投资 / 143
37. 收藏的金钱投资 / 146
38. 高古陶瓷的收藏 / 149
39. 秦汉陶瓷的收藏 / 152
40. 魏晋陶瓷的收藏 / 155
41. 隋唐陶瓷的收藏 / 158
42. 辽代陶瓷的收藏 / 161
43. 宋朝陶瓷的收藏 / 164
44. 金代陶瓷的收藏 / 167

45. 元代陶瓷的收藏 / 170
46. 明清陶瓷的收藏 / 173
47. 民国陶瓷的收藏 / 176
48. 高古玉器的收藏 / 179
49. 汉唐玉器的收藏 / 182
50. 宋元玉器的收藏 / 185
51. 明清玉器的收藏 / 188
52. 元代青花的收藏 / 191
53. 洪武青花的收藏 / 194
54. 永宣青花的收藏 / 197
55. 空白期青花的收藏 / 200
56. 成弘青花的收藏 / 203
57. 正嘉青花的收藏 / 206
58. 隆万青花的收藏 / 209
59. 过渡期青花的收藏 / 212
60. 康熙青花的收藏 / 215
61. 雍正青花的收藏 / 218
62. 乾隆青花的收藏 / 221

63. 嘉道咸青花的收藏 / 224
64. 同光宣青花的收藏 / 227
65. 古典家具的收藏 / 230
66. 明式家具的收藏 / 233
67. 清式家具的收藏 / 236
68. 乡村家具的收藏 / 239
69. 民国家具的收藏 / 242
70. 紫檀家具的收藏 / 245
71. 黄花梨家具的收藏 / 248
72. 红木家具的收藏 / 251
73. 鸡翅木家具的收藏 / 254
74. 铁力木家具的收藏 / 257
75. 核桃木家具的收藏 / 260
76. 榉木家具的收藏 / 263
77. 楠木家具的收藏 / 266
78. 榆木家具的收藏 / 269
79. 漆家具的收藏 / 272
80. 古家具收藏秘籍 / 276

茶当酒

81. 影响中国　/ 286
82. 观复博物馆之路　/ 292
83. 书房之乐　/ 296
84. 故宫是一本大书　/ 300
85. 万物并作，吾以观复　/ 305
86. 风光琉璃厂　/ 309
87. 潘家园的诞生　/ 313
88. 千年收藏　/ 316
89. 文明的坐标　/ 320
90. 大英博物馆游览记　/ 328
91. 元青花玄机　/ 344
92. 茶之壶　/ 363
93. 清之酒，酒之器　/ 370

新版自序

此书本有一序，写于十年前。我原以为这类旧作结集出版有炒冷饭之嫌，读者未必买账。谁知此书一版再版，可见冷饭炒得好也会有市场。最初发明著名的蛋炒饭的人依赖的就是剩饭。

以茶当酒为古时文人雅士聚会时的某一种意境。有酒当然好，喝至微醺最佳。没酒时有茶也好，可以代酒饮至陶醉。茶当酒少了一分放纵，多了一分儒雅，故成文人常态。借用作为书名，算是沾了古人的光。

其实，读自己的旧文章也很奇妙。岁月悠悠，一晃卅年。卅年之前的文章今日还能读，完全依赖早期的文字训练。做文学编辑的日子虽已远去，但历历在目。文学的滋养对每个人一生都极有好处，我身受其益却无法言谢，都在笔中。

此次改版，做了部分增删、调整，以期更接近以茶当酒的本意。这些年，国学再度兴盛。公众对品味、审美、收藏的需求大为增加，知道了文化带来的快乐才是终身快乐。由浅入深，以近求远，让精神享受超越物质享受，《茶当酒集》身体力行，格物致知。

感谢宽厚的读者。

再版又序。

2019年

初版自序

我做文学编辑时还年轻，负责小说，错以为捧上文学金饭碗，因此豪情万丈。每天骑车上班，迎着朝阳，看什么都披着一层金色光芒。文学在我们这一代以及上一代人心目中的地位至高无上，沉重而坚实。

但我后来发现，文学并不自由，尤其小说，甚至不如散文表达淋漓。文学如强行自由，一定陷于污身的泥淖，永远也洗不干净，作者与读者都不甚愉快。说不出的原因，让我远离了小说。

再后来，我误入了文物的天地。先是茫然，但其间确实充满了诱惑，而且是一种不可抵御的诱惑，让我在此彻底投降，走入文物证明的历史。

我们民族用文物证明的历史是一个实实在在的历史，绝不缥缈。一砖一瓦，一木一石，在先人的手中都有灵性，跨越时空，送达至今。关键看我们有无能力解释它们，让祖先的灵性变成我们的力量。

茶，南方之嘉木。下此结论者陆羽，距今已逾1200年。汉已用茶，至唐方普及北方，澄心静虑，祛病怡情。读史如品茶，涤烦疗渴，回味绵长，所以第一篇为茶。

酒，远古之佳酿。夏商饮酒，醉者持不醉者，不醉者持醉者。酒对先人，有疾则饮，遇喜酩酊，解忧治病。收藏如饮酒，一杯可醉，五斗高谈，所以第二篇为酒。

寒夜客来茶当酒，竹炉汤沸火初红（杜耒）。物质是可以替代的，情感却难以替代。我现在已不年轻，但回忆起年轻时的豪情一切都历历如昨，汗颜不已。随手记录下一段情感，当时也许随意，事过多年重睹，亦可能百感交集。

辑这样一集册子并不是我的本意。有的文章写于20年前，早已淹没，重新捞出晾晒，心中无底，面对子康先生的诚恳邀请，陷于两难之中。

其实人生多数时间都是这样，在放弃与选择之间。

2009年11月12日

茶

1. 艺术之光

中国封建社会有着2000多年的辉煌历史，比欧洲封建社会长了1000多年。除去自给自足的自然经济这一基本条件，手工业发达是其重要原因。手工业不仅要满足百姓的物质需求,更重要的是,还要满足他们无尽的精神需求。历代工艺,集天下能工巧匠之大成,皆以精绝为乐事。

古人发现,这种情趣的培养在于长久的积累。一块圆润的玉石,穿孔以系，佩戴于身，精神力量随之而来。文人与工匠深感责任重大，构思越发开阔，工艺越发慎重。久而久之，操刀不辍的工匠们使工艺成为生活中的艺术。

金属工艺，首推青铜器。前辈收藏大家，言必称三代青铜。商、周、春秋、战国，有多少故事至今仍被后人津津乐道。而唐、宋、元、明、清，金属工艺也花样翻新。金银铜铁，不论贵贱，经工匠捶揲錾镂，亦为生活增光添彩。

玉有五德：仁、义、智、勇、洁。成语曰“宁为玉碎，不为瓦全”，足见古人赋予玉的高尚品格。中国玉是中国人独有的文化，文人殚精竭虑，工匠穷极工巧，使玉演变为一种精神力量的象征。故古人谆谆告诫：君子无故，玉不去身。

中华民族历史上改变过起居习俗，由席地低坐转为垂足高坐。视野随之变化，高型家具应运而生。中国古典家具的设计原则是尊严第一，舒适第二。两者发生冲突，舒适让位于尊严。这个精神核心是古典家具至今受到社会尊重的根本。

修饰是美学的手段。以耐腐物质保护和修饰易腐材料是国人的一大发明。从5000多年前良渚文化的木胎漆碗到清乾隆时期的铜胎珐琅器，漫长的历史在孜孜不倦地向后人诉说文明的进步。

油画原本是西方人的专美，国人对它的认知刚刚起步。莘莘学子漂洋过海，览尽西方辉煌的艺术，步履维艰却坚实有力。以西画之手法表现国人的美学取向，浓墨重彩中已初见端倪。

中国古代文人同工匠一道，思想加手艺，释放出耀眼的光芒。这智慧之光成就了后人生活的优雅。今天，当我们面对先人众多精美绝伦的遗珍时，除去敬畏，还心存一份感激。

◀清乾隆 碧玉山水楼阁纹插屏 观复博物馆藏

2. 收藏之乐

准确表达这种高尚的乐趣是一件困难的事情。每一个有幸与收藏结缘的人都会或多或少获得这种乐趣。在和平富庶的年代，这种乐趣会伴随一生。即便世道变故，回忆还可以帮你把早年的乐趣变成晚年的乐趣，这就是收藏的魅力。

宋徽宗（1082—1135）显然获得了这一乐趣。他以一国之君的权力使收藏第一次成为国家行为。他成立画院，研究古物，编纂图书，网罗天下珍奇，以示范性的效应影响后世近1000年。

近1000年来，凡歌舞升平、物阜民丰的时代，收藏热就会一发而不可收，遍及大江南北。上至王公贵族，下至凡夫俗子，皆以为此乐，以获得财产炫耀，以获得谈资社交，进而获得社会地位的提高。古董变成社会的花瓶，装点生活，教会人们珍惜生活。

每个朝代的收藏审美不同，乐趣就各有千秋。宋朝人的高雅来自政治上的开明。统治者标榜与士大夫共治天下，尊重文人，尊重知识。在北方蛮夷的重压下，宋朝人重文轻武、以柔克刚，依然使大宋王朝走过了319年。

明朝是个充满了变数的朝代。从朱元璋（1328—1398）起，17朝16帝，每一个皇帝都有说不尽的故事。多数明朝皇帝都轻视政权，更多地关心声色犬马、美器长物。明朝可以炫耀的古物太多了，永宣青花，成化斗彩，嘉万五彩，还有那今天以最苛刻的眼光也挑剔不出毛病的明式家具。明朝人在宋朝人收藏理念的基础上，发扬光大，推陈出新。

读一读明朝人文震亨的《长物志》就能感到今人的浅俗，生发出对古人的敬意。

我们太熟悉清朝了。康雍乾三帝将中国封建王朝推上了巅峰。康熙二十三年（1684年）收复台湾后，中国疆土面积达到历史最大。至乾隆四十九年（1784年），乾隆皇帝第六次南巡，在杭州颁发《南巡记》。整整一个世纪，前无古人，后无来者，海内富庶，家给人足。今天可供我们收藏的大部分藏品都来自这个时期。

面对祖先遗留下的丰富文化遗存，在通晓与混沌之间，我们在恣意享受，享受文化的无穷魅力，享受收藏的无尽乐趣。当需要表达或传达这巨大的幸福感时，千万别忘记在心中为祖宗创造的灿烂文明点燃一炷香。

▲ 清乾隆　丁观鹏《弘历鉴古图》　故宫博物院藏

3. 青瓷之美

颜色上升为艺术的表现手段是古人在不自觉中完成的。当古人发现瓷器不仅仅是使用的器皿时，艺术的魅力就从中闪现了出来。在自然的混沌中，一缕青翠常使人赏心悦目，这种觉醒就是青瓷艺术的先驱。

所有青瓷的前身都是古人无可奈何之事。釉料的含铁量决定青釉的颜色，工匠长时间无法掌握呈色条件，陷于苦恼。在大量日复一日的重复劳作中，机会一次又一次偶然出现，等待被聪明的智者捕捉。

中国古代辛勤的窑工们，就是那不知名的智者。

我们今天已深知青瓷的魅力，也知长江南、黄河北青瓷的各个名窑。越州窑、龙泉窑、耀州窑都曾经在漫长的历史长河中称雄一方：越州窑在唐代“南青北白”的局面中撑住半壁江山；宋元龙泉窑以其肥腴浓艳由中国南部的大山中源源不断地走出；至于耀州窑，夹杂着西北人粗犷的性格，深沉且不事张扬。

青瓷的重要性在于，它是中国陶瓷发展史的必由之路。它是陶瓷的“青春期”，散发着青春的气息，洋溢着来自内部的诱惑。它使陶瓷充满了表现力，使表现力充满了张力，使张力充满了诱惑力，使诱惑力变成市场魅力。

这个魅力市场在唐至两宋，统领江山。从科学意义上讲，宋代五大名窑除定窑外，汝、官、哥、钧都属青瓷，只是青出于蓝而胜于蓝。还有那个相传千年的秘色瓷，仅名称就能演绎一部神奇的故事。

深沉、优雅、含蓄是青瓷美学的境界。这样高的陶瓷美学境界在今天看来仍是不可企及的高度。单用一个色彩作为表现手段，青瓷在古往今来的各色瓷器中无疑是魁首。从唐代起，文人骚客极尽能事地描绘它，清人蓝浦在《景德镇陶录》转引《爱日斋丛抄》云：“自古陶重青品。晋曰缥瓷，唐曰千峰翠色，柴周曰雨过天青，吴越曰秘色。其后宋器虽具诸色，而汝瓷在宋烧者淡青色，官窑、哥窑以粉青为上，东窑、龙泉其色皆青，至明而秘色始绝。”

自古陶重青品。

青色是生命力的表现，自然属性的生命力，从萌芽到结果都是在青色中完成的。古人有意识地追求青色恐怕也是基于这一层考虑。

1000多年后的今天，回首青瓷，我们忽然希望自己能回到宋朝，生活在宋朝。

◀南宋 龙泉窑粉青釉凤耳盘口尊 观复博物馆藏

4. 捉刀代笔

瓷器的装饰手段有很多，经后人归纳可分为若干：素器——以釉色或胎色作为表现形式；堆塑——手捏或模制以强调外形变化；绘制——在单一色地上用软笔绘制图案或文字；模印——按预先设计的纹样制模为范，效果盈润；刻画——用利器在平滑的胎体上刻纹样，追求立体效果；再有就是多种手段并用，随心所欲。

刻画工艺是瓷器制作出现得最迟但成长最快的装饰手段，究其原因，制瓷工艺成熟当为大前提。刻画瓷器对胎体要求极高，厚薄均匀，易受刻画。再细分一下，刻与画受力不同，前者重，后者轻，所以早期陶瓷刻画作品以画为多，比如唐越州窑。

中国宋代以前的多数民间窑口，都试图使用过刻画手段，除汝、官、哥、钧官窑系统外，南方的越州窑、龙泉窑、饶州窑，北方的定州窑、耀州窑、磁州窑都曾以刀代笔，绘制江山。

用笔绘制瓷器的局限是对胎土的白净度要求甚高。尽管北方的磁州窑工已广泛使用了化妆土，对深浅不一的胎体进行了粉饰，但仍抵御不了以刀代笔给他们带来的欢乐。在利器之下，原本平滑的胎体表面深浅有致，构成另一种风味。

越州窑。最早的刻画要上溯到早期青瓷，记录文字当为首创。后来成熟的越州窑以细竹签精心刻画，纤巧细致，江南水乡的灵秀跃然瓷上。

饶州窑。宋代的饶州窑工不谙笔墨，刀法却透着娴熟，在薄如卵壳的胎体下，操刀游刃，无论人物花卉，还是翎毛走兽，都令人叹为观止。

龙泉窑。厚重的胎体成为窑工大显身手的场地，粗枝大叶，飞龙在天，罩上肥厚丰腴的瓷釉，含蓄地表达了文化的意图。

定州窑。白瓷动刀一开始显然是追求金属錾花效果，陶瓷的发展也得益于金属器的制作，以易碎的陶瓷乔装不易碎的金属器，定州白瓷当为第一。

耀州窑。耀州地处西北，民风粗犷，所刻瓷器也是刀刀犀利，干净利索，从不拖泥带水，看过西北人刀削面的操作，对此就能有所顿悟。

磁州窑。最为复杂的现象出现于广袤的华北大地，北宋时期的政治中心区域。今天所能看到的磁州窑系统纷杂的瓷器中，刀笔并重，风骚各领。“捉刀代笔”典故出自《世说新语 · 容止》(南朝 · 宋 · 刘义庆撰)：

魏武（曹操）将见匈奴使，自以形陋，不足雄远国，使崔季珪（琰）代当之，乃自捉刀立床头。事既毕，令间谍问曰："魏王何如？"匈奴使答曰："魏王信自雅望非常，然床头捉刀人，此乃英雄也。"魏武闻之，追杀此使。

此典用于瓷器装饰，也出同一功效。

▶金代 耀州窑刻花缠枝花卉纹瓶
观复博物馆藏

5. 秘色千年

古人收藏讲究的是秘不示人。过去连皇帝的收藏都小心翼翼地钤上一枚小章——秘玩。因此，有关收藏的故事总是显得玄虚。历史上的收藏悬案，很少有被揭开的，尘封多年乃家常便饭。

唐宋以后，有一种瓷器被称为“秘色”，多见史籍记载。可惜秘色之瓷与历代名窑命名法则不符，实在无法将其正确列出，以飨后人，旋即成为千古谜案。唐宋各窑，一般均以烧造辖区冠名，南方之越州窑、龙泉窑、吉州窑等，北方之定州窑、钧州窑、耀州窑等，通俗简便，一望便知。唯独秘色，玄之又玄。

宋人叶寘《坦斋笔衡》如下解释：“钱氏有国日，越州烧进，不得臣庶用，故云秘色。”

钱氏指吴越钱氏，长期雄居两浙13州，辖86县，也算是一方霸主。五代十国期间，吴越政权稳固，受老父谆谆教诲的钱镠，在唐廷获得超额回报，衣锦还乡后，注重兴修水利，以保障农业收成，深得民众爱戴。吴越国所处地区正是越窑高产地区，历史悠久，工艺精湛，以青瓷称雄江南，与北方邢窑白瓷形成并驾齐驱的局面。

钱镠出身寒微，一旦占山为王，野心膨胀。尤其大唐谢幕，五代十国的政治局面让他内心潜在的欲望逐渐膨胀，专属用瓷乃手段之一。秘色瓷为其家族专用，由来已久。钱镠父钱宽、母水邱氏墓都有精美秘色瓷陪葬。原为大唐宫廷贡瓷，借机据为己有，使之秘色之秘，发扬光大，以致后世对秘色知之甚少。随着北宋其他各窑的崛起，秘色遂被淹没在历史长河之中。

于是，人们在文献中寻找蛛丝马迹。唐徐夤诗《贡余秘色茶盏》：

捩翠融青瑞色新，
陶成先得贡吾君。
巧剜明月染春水，
轻旋薄冰盛绿云。

诗中极尽赞美之词，但正是文学的赞美使得后人如堕云里雾里。明月春水，薄冰绿云，形象转化不成具象，千百年来，收藏家及学者们都沉浸在梦幻般的追求之中。

这种追求到1987年2月戛然而止。

大唐李渊皇帝亲自命名的法门寺宝塔轰然倒塌，抢救性发掘揭开了秘色瓷千古之谜。法门寺的地宫内藏有14件秘色瓷，细心的唐朝人在封存地宫时有内容详尽的“衣物账”，上面赫然写明：“瓷秘色碗七口，内二口银棱；瓷秘色盘子叠（碟）子共六枚。”

实物与文献对照，保存了1113年的国之重宝呈现在世人面前。秘色瓷比对唐诗，诗虽酸腐倒也贴切。

这个瞬间，使得许多收藏家手中的财富重新估价。原来是身份不明的青瓷，终于可以在法门寺的标准器比对之下，一目了然。秘色瓷不再存在于幻想中，而是在世界各大博物馆巡回一展芳容。

我们对历史的认知总是很少，靠文字记录下来的历史总会有偏差。尤其对这种属于奇技淫巧之类的小事，古人没有放在心上，漫不经心一笔带过，却难坏了一代又一代的后世人，幸好有文物还可以帮我们指正。

文物鉴定是标型学，到目前还是以目测为准。有了法门寺的标准器，所有与之相似、类似、近似的瓷器都可以向其靠拢，称为秘色，秘色因此不再神秘。

我见过许多越窑青瓷，法门寺秘色瓷出土之前，我想都没想过这辈子还能弄明白秘色。一看秘色之秘就是不想让人弄清才起的名字。漫长的收藏生涯中，我陆陆续续买过不少越窑青瓷，今天有机会重新审视，忽然发觉有秘色混在其中。越窑青瓷已是宝贝了，夺得千峰翠色，可谁知这千峰翠色中还有一眼清泉，潺潺流淌。

▶唐代　秘色瓷八棱净水瓶　法门寺博物馆藏

6. 唐三彩祭

唐三彩不是瓷器，这与百姓的理解有些偏差。以专业论，唐三彩属于釉陶，上了釉的陶器与瓷器有本质的差别。

瓷器是不吸水的，唐三彩吸水；瓷器是透光的，唐三彩不透光。凡此种种差别，决定着唐三彩的性质。

唐三彩在中国陶瓷史上无疑是最伟大的品种之一，但它是专门为死人服务的，是明器，为殉葬烧造。殉葬制度在封建社会是个优良制度，对生命表示尊重，对死亡保持敬畏。这个制度的好处有很多，很难归纳，因人、因民族、因经历而异，好处的显现侧重也就有所不同。

首先是视死如生。生前所有享乐及苦难在殉葬时已有考虑，吃喝拉撒睡，无一不在考虑范围之内。古人认为，死亡是人生的另一个境界，上天堂或入地狱与生前行善或作恶有关，所以死是对生的报应，是一个解释。

其次，死对生是一种延续。人生不如意事十之八九，凡不如意事都会在死后得以补偿，世俗的荣华富贵、来不及享受的洪福都会带入阴间，求得生前的思想平衡。

所以，在古代，无论平民百姓，还是帝王将相，对死比对生还重视，多数皇帝生前最关心的事、最劳民伤财的事无外乎自己的陵寝。至于平头百姓，再穷也愿意看看自己的棺木，是楠木还是柏木，放在家中，看着就舒心。

所以，古人不畏死，而仅畏死后待遇不好。

这个待遇就是陪葬品。汉代的厚葬之风到了唐代重新刮起。丧葬业随即成为一个庞大的行业，而且是充满技术含量的行业。唐三彩应运而生，在中国的陶瓷史、雕塑史、工艺史上都留下不可或缺的一页。难怪宋人苏东坡评价："百工之于技，自三代历汉，至唐而备矣。"

在中国陶瓷史的舞台上，虽然唐三彩从出现到凋零，不过百年，昙花一现，但是它盛开时艳丽芳香，饱满异常，让初见者兴奋。

叹惜安史之乱，生生断送了唐三彩。犹如一支宏大的交响乐，在演奏高潮时，因断电戛然而止。

唐三彩的雕塑显然受到西人的影响，骨骼结构、肌肉表现较前后各朝都更准确，在写实的基础上有一点点夸张，恰到好处地表达唐人的内心世界。唐人的浪漫、张扬的秉性在唐三彩身上得以充分体现。唐人在为自我服务的殉葬品上毫无吝惜地进行着情感的表达。

这种情感的表达在地下隐居，一旦释放，势不可当!

20世纪初，当修建陇海铁路时，唐三彩大规模出土，引来西人无数，惊叹之余顿生贪念。唐三彩的地位如中彩般辉煌，顷刻间奔走他乡。

国人的任务仅是为其起名——唐三彩。以黄、绿、白为主色调的艺术品，在唐朝以及后世的1000多年中，没有人为其正式起过名，浩如烟海的文献典籍中也没有它的蛛丝马迹。这样说来，唐三彩这样一个朗朗上口、妇孺皆知的名字，尚没有百年的历史。

国人的可笑是嗅觉敏锐。当唐三彩成为新的商品，当这种商品虽不再陪葬但又有另类价值时，千军万马一哄而上。于是乎，十几年的工夫，唐三彩成为新的祭品。

我在旅游品商店的礼品货架上，在潘家园市场拥挤的地摊上，看着伟大的唐代人创造的伟大的唐代艺术，心中没了滋味，殊不知唐三彩崇高地位在于对生者的理解、对死者的尊重：生前的锅碗瓢勺，豢养的动物，运输的工具，都为殉葬者考虑周全；死后的镇墓兽，各类天王俑则护佑死者的神灵不受侵害。

唐代的两度盛世——贞观、开元，是封建史上的奇迹，商业贸易发达的唐朝，“天下大稳”。视死如生的唐代人，“王公百官，竞相厚葬；偶人象马，雕锦如生”。古人的局限是古人的幸福，今人的无限有时倒未必是幸福。

▲ 唐代　三彩马　美国波士顿美术馆藏

秦兵马俑 7.

人偶雕塑有一个禁区，或大或小，切忌1∶1比例。凡与真人大小的雕塑鲜有成功。中国历史上的塑像，大者如乐山大佛，高二十多丈；小者观音如豆，掩身而不可寻；等身之雕塑，唯见秦兵马俑。

等身雕塑之弊端为目视而微，大忌！究其原因，恐怕是断绝了想象空间，使熟之生涩，悉之生惘。多熟知、多明白的人变成人偶后会立即苍白无力、血肉全无。古人深谙其中奥妙，放其长制其短，长则夸张弘扬，短则收敛精致。

但秦兵马俑一反常规，等身塑造之绝技，空前绝后。各类武士俑、将军俑身高168—185厘米，在个性突出中体现关中大汉的共性。

这种旷世之作自秦以后无人敢问津，秦始皇的庞大军队在地下默默伫立了2000多年，后人不知也无从效仿。秦人为何将如此庞大的兵马俑塑造成真人大小呢？历史上无解。

秦始皇至尊无上的地位在他生前乃至身后都无法撼动。至今我们提到中国封建史依然是第一个提到他。始皇帝对中国的贡献不是他在战国的烽火之中相继灭掉六国，统一天下，而是他在统一中国后做出的决策——“一法度衡石丈尺，车同轨，书同文字”（《史记·秦始皇本纪》）。这个伟大的决策对秦以后的中国起的作用是秦始皇本人也无法料到的。

过去说书人总说这样一句话：“天下大势，合久必分，分久必合。”2000多年来，历经兵燹灾荒，中华民族至今仍能凝聚不散，首先归功秦始皇统一文字。中国的方块字，让中国人在这样一种统一的思维下，无论如何分裂，也无法逃出这一框架结构。象形文字的好处是表意，表达我们民族的意图和心声。中国人走到哪里，无论语言上有多大障碍，只要落到文字上，就会心领神会。而欧洲之所以成为欧洲，大国小国，国国有自己的文字，随之有自己的语言，所以欧洲即便是个共同体，也不可能成为一个强大的国家。

在古代，统一文字的好处使中央精神能准确无误下达。秦统一之后，秦始皇的诏书送到广西已无人能认，这样的局面今天听起来是个笑话，当时却是个严峻的问题。痛下决心的秦始皇一纸政令——书同文字，使他谋求长生不死的愿望化为现实：只要中华民族存在一天，我们都要牢牢记住这个伟大的始皇帝，并由衷地感谢他为我们民族做出的英明决策。我们必须感恩。

兵马俑长久地为秦始皇守陵。

一个雄才大略的始皇帝，新朝伊始，选贤任能，变法革新，富国强兵。一个封建社会的底子由秦始皇打下，丰厚结实。尽管秦朝国祚不长，但汉朝受其益而攀上封建社会经济发展的第一个高峰。

看兵马俑应知晓秦始皇的襟怀。秦始皇的勤政作风，被封建王朝视为典范。“天下之事无小大皆决于上。”独裁专断的风格成就了秦始皇，他为自己每天确定的阅览定额为120斤文书，不完成不能休息。

这让后人听来匪夷所思。那臭名昭著、暴戾乖张的始皇帝怎么这样跟自己过不去?！按当下的话叫作：较劲。正是因为这个较劲的皇帝，才有了宏大的兵马俑阵，才让我们理解什么叫雄才大略。

每一个中国人都应该抽时间去看看兵马俑阵，看看那些充满了人性的士兵、武士、将军；应该认真想一想这个奇迹产生的背景以及文化；聆听一下2000多年前秦始皇发出的声若洪钟的号令，感受一下大地的震动，漫天的硝烟……

后人对秦始皇有多种评价，天壤之别，无非是千古一帝或第一暴君等。这些对秦始皇都不重要，借琅琊刻石，秦始皇对自己有个评价：“皇帝之功，勤劳本事。”

▶ 秦代　车左俑　秦始皇兵马俑博物馆藏

8. 南青北白

瓷器南青北白的格局到盛唐才形成。今天将瓷器烧成白色是基本功，可在中国陶瓷的历史中，这是个划时代的贡献。南北朝之前，陶瓷以青为主，原始瓷也叫原始青瓷，原因是原材料中含铁量过高，无法去除杂质。

故陶瓷长期被青色垄断。到了北齐（550—577），白瓷出现。河南安阳骠骑大将军范粹墓出土的一组白瓷，宣告了白瓷的诞生。与一般人的理解不同，白瓷与青瓷并非两个独立制瓷系统，在科学上它们同属青瓷，只是将含铁量降至2%以下，白瓷即可烧成。

这个伟大的创造，为后世彩瓷铺平了道路。“一张白纸，没有负担，好写最新最美的文字，好画最新最美的画图。”伟人毛泽东的这句话阐述了一个朴素的道理。

唐代的政治中心在北方，白瓷这个当时的新科技产品就在北方得以迅速发展。我们可以想见白瓷给唐代人带来的喜悦。商品需求是市场的动力，唐白瓷在开元盛世攀上顶峰。

邢窑白瓷的出现一改青釉一统江山的局面，首先被宫廷选用，带有“盈”字款的白瓷，被唐玄宗的私库——百宝大盈库选中，身价倍增。这个百宝大盈库,《新唐书》和《旧唐书》均有记载。开元盛世，李隆基“每岁进钱百亿，宝货称是”。但此钱此物不是正道上来的，与国家财政无关，史载“非租庸正额者”，交代得很明白。李隆基当然也知道钱物的来历，故另设百宝大盈库，任凭“天下州县征财帛，四时不止”。想来李隆基也是很好面子的皇帝，携杨玉环温泉沐浴，水滑凝脂，六宫粉黛，尽失姿色。皇帝高兴之时，正是臣子受惠之日。百宝大盈库里的宝物于是源源不断地流向各类受惠者。

皇帝的赏赉之物挑中白瓷绝非偶然。邢窑之白瓷在玄宗时期正是高科技含量的产品，当时别说在中国，就是在世界范围也处于领先地位。“盈”字款的白色器皿，近20年多有出土，尤其是河北内丘城关窑址出土20余件带有“盈”字款的标本，从根本上解释了各博物馆及藏家手中谜团一般的藏品，同时印证了“内丘白瓷瓯，天下无贵贱通用之”（唐李肇《国史补》）的记载。

百姓对唐朝大明宫的了解都有赖于电视剧《大明宫词》。绚丽荣华的场面，起伏跌宕的情节，钩心斗角的故事，今天都埋在了大明宫的厚土之下。前些年出土了众多的邢窑残片，尤其带有“盈”字款的残器，把那些久远的缠绵带回人们的视线。

从本质上讲，唐代的经济社会与我们今天的经济社会没有太大的区别，先进的科学成果首先会被政府采用，邢窑白瓷在北方优先流行顺理成章。当时的南方还是越窑的天下，南青北白的局面形成，使唐代青白瓷器对峙天下。

唐代诗人皮日休有一首诗，谁也不得罪："邢人与越人，皆能造瓷器。圆似月魂堕，轻如云魄起。"皮诗通俗得可以，小学文化即可欣赏。他无意地告诉了后人，这个南青北白格局的均衡以及影响力。

但那位茶圣陆羽却没有这样乐观，他在《茶经》中说："若邢瓷类银，越瓷类玉，邢不如越，一也；若邢瓷类雪，则越瓷类冰，邢不如越，二也；邢瓷白而茶色丹，越瓷青而茶色绿，邢不如越，三也。"陆羽以一个南方人的率真抑白扬青，是他的家乡观念在作祟，读之可爱。

陶瓷的南越北邢（南青北白）在唐代风行，后世津津乐道。原因无非是新产品的诞生，竞争机制的形成。没有唐代这样一个二分天下的局面，也就没有后世宋代陶瓷的百花开放。这样想来，商品一统天下，高度垄断，长久以往不会有什么好果子吃。

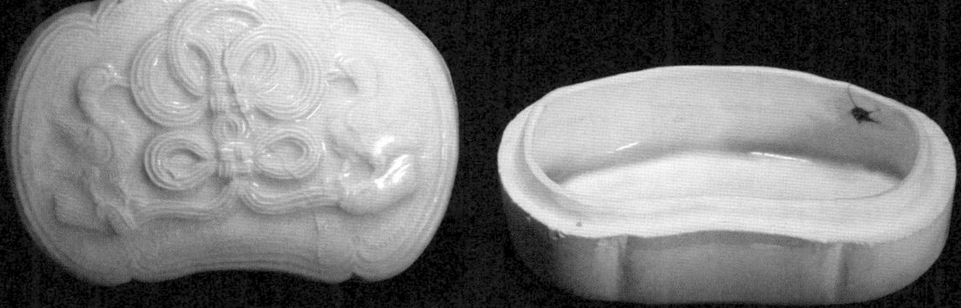

▲ 唐代　邢窑瀏鶒花结纹如意形粉盒　观复博物馆藏

9. 正德的花瓶

公元1491年为明弘治四年，农历辛亥年。这年10月26日申时，弘治皇帝长子出生。弘治帝欣喜万分，取名厚照，企望其能照耀后世。按时、日、月、年顺序，朱厚照命理“贯如连珠”，为申、酉、戌、亥，主大富大贵。在明朝16帝当中，仅开国皇帝朱元璋的生辰有此相似之处。朱厚照之母张皇后在怀孕之际梦有白龙入腹，按照传统说法，白者主西方，为兵象。厚照儿时就显露出这一迹象，贪玩好动，喜好骑射，所以庙号“武宗”。

1505年，弘治十八年，弘治皇帝驾崩，享年仅36岁。11天后，厚照正德皇帝即位，年仅14岁。这是一个相当危险的年龄，以现代心理学来看，正是儿童期向成年期过渡的逆反心理时期。正德皇帝自登基第一天起，就滋长了极其叛逆的性格。

正德二年，武宗迎娶了夏皇后，之后又选置了几个妃嫔。也许是因为这些安排的婚姻使他不满，他搬出了皇宫，营造了两处寻欢作乐的场所——故宫西华门外的豹房和远离京城的宣府（今宣化）

的镇国府。

北京作为都城，过去豢养动物的场所有很多，比如象坊、羊坊、虎坊、豹坊、鹰坊等。至今北京还有羊坊店、虎坊桥、报房（豹坊）胡同等地名呢！正德皇帝的豹房新宅从正德二年扩建至正德七年，耗银24万余两，添造房屋200多间，为其淫乐提供了大量场所。正德皇帝是明朝16帝中最为荒淫的皇帝，豹房内美女如云，来自西域、高丽、扬州、苏州等地的美女、乐妓甚至寡妇都是正德皇帝的最爱。整日沉溺于声色犬马、纸醉金迷中的正德皇帝以此名垂青史。

1512年秋天，有一个对正德皇帝有致命影响的军官江彬设法觐见了皇帝，这个工于心术的军官骁勇善战，在一次战斗中连中三箭，其中一箭射在脸上，他拔出箭后继续战斗。这使尚武的正德皇帝大为感动。江彬仪表堂堂，长于击技，善讲战斗故事，获得皇帝青睐后，很快成为正德身边最有权势的人。

江彬总在为正德皇帝寻找新的刺激，以保持恩宠在身。他为皇帝引见技法高超的乐师，介绍擅长秘密巫术的僧侣，搜罗西域的穆斯林妇女，甚至怂恿皇帝狩猎，以致被老虎严重伤害。江彬在虎口下拼死救出皇帝，这一伤不但未使江彬失宠，反而使正德对他更加信任。

正德皇帝桀骜不驯的性格、尚武精神致使他一次又一次地企图御驾亲征。1517年10月，自恃自己如同先祖永乐一样的正德皇帝开始自称将军，并把自己住的宣府称作军事指挥部。明朝在整个时期，都对北方的蒙古部落怀有戒心。永乐之后，明朝的统治者逐渐认为自己已没有和蒙古骑兵对抗的能力，退避三舍是良策。而正德皇帝却总想显示一下大明王朝的军事威风，厉兵秣马，于1517年10月6日开始与蒙古军队发生冲突。10月20日，正德亲临战场，指挥战斗，整整一天，杀得天昏地暗，飞沙走石。这是16世纪明军唯一一次战胜蒙古大军，史称“应州大捷”。

正德皇帝对此役胜利的满足可想而知。第二年，他自封为朱寿将军，还定了俸禄，每年5000石米。这一年秋天，他动身去大同，经过偏头关时遇见一个歌女。在饮酒作乐时，正德显然被歌女迷住了，等他弄清歌女是晋王府乐工的眷属时，他召见并收留了她。这个歌女就是正德一生中最重要的女人——刘娘娘。娘娘是宫廷中对皇后的称谓，由此可见刘娘娘受宠爱的程度。

中国的封建社会后1000多年因受宋明理学的影响，男女禁忌较多。凡接受过传统教育的汉族妇女，行为不由自主地受到了极大约束。这就是后宫佳丽们不甚得宠的原因之一。皇帝的妃嫔，一般见皇帝临幸就手足无措、心惊胆战，不敢越雷池一步，这对皇帝来说，显得非常寡味。但其他民族，尤其西域民族性格奔放，女人能歌善舞，百无禁忌，十分容易获得皇帝的青睐。那些眼蓝肤白的女人显然容易博得正德皇帝的欢心，贴身随从江彬为之四处寻求的美女中不乏这样的人。至于刘娘娘是否从西域而来、血统如何，正史与野史均无记载。

有记载的是，1520年1月，正德皇帝抵南京，愉快地在此度过了8个月的时光。期间，他颁布了一道非常古怪的诏令——禁止饲养和屠宰猪。在以猪为主要肉食的江南，可设想此道诏令的执行难度之大。这与正德的宠妃信奉伊斯兰教应该说有直接关系。

正德时期的瓷器与铜器以及其他艺术品中，大量出现有阿拉伯文字的作品，独树一帜。这在过去很漫长的时间内无解。显然，这与正德皇帝喜爱的宠妃有关。野史记载，正德有一位穆斯林宠妃，视若掌上明珠，其他细节不详。有关刘娘娘的记载也是线条颇粗，只知其能歌善舞，是皇帝的最爱。在久经沙场、见过大世面的正德皇帝面前，这种能歌善舞不是一般意义的能歌善舞，汉族的歌舞技能至今也还是低于西域民族。从这一点上推论，刘娘娘或许为异族妇女。

皇帝为其宠妃烧造精美陶瓷不过是下一道诏令，千金买笑对皇帝易如反掌。伊斯兰文字装饰的瓷器对我们而言充满神秘。青花笔架山的文字想必是汉族工匠照猫画虎描上去的。传说意为：轻放你的鹅毛笔。我们留心一下，鹅毛笔不是毛笔，不是汉族的书写工具。

2005年9月21日，纽约苏富比拍卖会出现一件方瓶，四面均有阿拉伯文字，意不详。长颈方身，口附六管，形制奇特，想必当时曾博得刘娘娘的欢心。方瓶估价10万美元，出场后一路飙升，以169.6万美元的价格成交，当年折合人民币1374万元。如果刘娘娘和正德皇帝九泉之下有知，也会为此通宵达旦、载歌载舞地欢庆吧！

尚武的正德皇帝对艺术要求不甚仔细，过去正德的瓷器没有惊人的价格。这件方瓶，500多年来，颠沛流离，辗转流至海外，身世想必也是曲折的。它初次现身，有点儿不鸣则已，一鸣惊人的味道，这也多亏了异族文化与美女呢！

明正德　青花阿拉伯文四方瓶

10.

鬼谷下山青花罐

大名鼎鼎的景德镇因陶瓷而闻名。景德（1004—1007）为宋真宗（赵恒）的年号之一，距今已1000余年了。距景德镇市以北8公里有一座浮梁古城，建于唐元和十二年（817年），大诗人白居易的名篇《琵琶行》中有“商人重利轻别离，前月浮梁买茶去”之句，诗中“浮梁”就指这座古城。名篇名句，被写入小学课本，影响深远。

浮梁城西至今仍矗立着一座正六边形的七层砖塔，高40.47米，史称西塔，建于宋代。“救人一命，胜造七级浮屠”中的“七级浮屠”，指的就是七层宝塔。塔用青砖砌成，因用石灰、糯米浆、红土浆堆砌，近千年的风雨侵蚀，灰浆中的红土不断溢出，渐渐把塔身浸染成红色，所以西塔又称红塔。红塔的佛名叫作“大圣宝塔”，雄伟壮观。

有关红塔的传说有很多。最吸引人的是元朝末年，明朝开国皇帝朱元璋与陈友谅为争夺天下大战鄱阳湖，开始时朱元璋并无优势，落败时顺昌江逃至浮梁，情况危急时路过红塔，急中生智，朱元璋匍匐前行，在层层叠叠的蜘蛛网下爬进红塔，躲到塔顶上。陈友谅的追兵在城内搜查，满城鸡犬不宁，也没有搜到朱元璋。朱元璋的聪明救了自己。追兵先是顾忌佛家圣地，又见门口蛛网密布，没有进人的迹象，故放弃了搜索。

躲过致命一劫的朱元璋从塔中走出时，当地的百姓还送给他碱水粑做干粮，朱元璋感恩不尽。至今碱水粑还是当地有名的特产，救过皇帝命的食品理应有这个待遇。后来朱元璋当上了皇帝，闲暇时还命人专程去浮梁寻找碱水粑，分给子孙品尝。他告诉子孙们，说浮梁的红塔救了他一命，才有今天。可惜当时慌慌张张，也未看清塔名，只是记得塔通体红色，很是奇特。

这件事情在明朝宫廷一直传颂。到了朱元璋九世孙万历皇帝朱翊钧登基后，还专门从国库拨专款重修了红塔。这在明朝也是特例了。按照国家规制，政府不会出钱修建寺塔，寺塔都靠僧人化缘、香客信徒捐助而建。

后来，朱元璋又与陈友谅在鄱阳湖交战，史料说陈友谅有60万人马，但估计没有那么多人，60万军队在今天也是极为庞大的部队。元至正二十三年（1363年）10月3日，陈友谅的汉军与朱元璋的明军遭遇正面战斗，陈友谅在一叶小舟上穿行于各船之间指挥战斗，不幸的是一支锋利的箭准确地射穿了他的眼睛，立刻毙命。那改变历史的一箭非常神奇，既准又狠。在这样的节骨眼上主将被杀，噩耗迅速传遍战斗中的汉军，汉军士气大减，明军乘胜追击，次日清晨，解决战斗。

这次决战是明王朝的关键一战，有点儿像解放战争中的辽沈战役，此战一胜，余下的就势如破竹了。

实际上，至正二十年（1360年）景德镇就被朱元璋统治了，这和长征后的陕北解放区一样，早就是共产党的天下了。在朱元璋的心中，残酷的连年战争给他的印象十分深刻，这种印象反映在其他方面，让后人找到很多证据，元青花人物大罐——“鬼谷下山”即是一例。

鬼谷下山是著名的历史军事故事。战国时期，诸侯林立，战争纷起，涌现出很多著名的军事人物。王诩就是其中之一，他是军事奇才，号“鬼谷子”，大名鼎鼎的孙膑就是他的徒弟。燕齐交战的时候，孙膑为黄柏杨所擒，齐国派使节苏代前去求鬼谷下山救孙膑，鬼谷子答应了，乘坐两虎车下山救徒。这个故事是两个智者的交锋，显然朱元璋对此极为欣赏。

朱元璋打下大明江山实属不易。一个要过饭的小叫花子最终成为一国之君，中国的历史上只此一人。一个人凭借武力是拿不下江山的，智力起决定性的作用。所以朱元璋对中国历史上的谋士极为敬重。也许他当年进驻景德镇时，头一次看见这个白地蓝花的瓷器就大为感兴趣，忙里偷闲地品头论足。青花瓷器于元代创烧，到朱元璋看见时已非常成熟，有至正十一年（1351年）那对龙瓶为证。

朱元璋对那些花花草草的题材不感兴趣，对翎毛走兽、花鸟鱼虫也不待见，一个军事家显然不能儿女情长。元曲是元朝人的主要娱乐，题材广泛，朱元璋只注重军事题材，尤其是礼贤下士。他作为统治者的襟怀，只为国家社稷着想。“鬼谷下山”“三顾茅庐”“萧何月下追韩信”，都在暗示一个即将兴起的王朝所侧重的精神。把这些脍炙人口的故事画在瓷器上，教育人民，警示自身，显示了一个统治者雄才大略的过人之处。

施耐庵、罗贯中也都是元朝人，重要的创作时期均在元末。《水浒传》《三国演义》的流行也是由口头转向书籍。元末明初流行军事题材小说不是偶然的，这与当时残酷的社会环境有关。对战争的礼赞，是胜者的不自觉行为。

朱元璋是否下令烧造这些精美绝伦的青花瓷器，我们尚无从知晓。我们知道的是2005年7月12日，鬼谷下山元青花大罐以1568.8万英镑在伦敦佳士得成交，折合人民币约2.3亿元。这个纪录在当年全世界所有中国艺术品中一甲一名。这个不可思议的价格使每个第一次听说此事的人都瞠目结舌。700年来，有多少“英雄豪杰”因种种原因烟消云散，仅少数能坚持到今天。

一个落地即成碎片的大罐，以其历史价值、人文价值、美学价值，集万千宠爱于一身，瞬间成为英雄，让世人仰视。富于传奇的朱元璋皇帝在700年后以此又续写了传奇。

▲ 元代　青花“鬼谷下山”图罐

11. 倾听自然之声

改变植物的自然生长状态，随心所欲，是件矫情的事情。这类事情往往发生在丰衣足食之后，兵荒马乱的年月，无论胜者还是败者,均少有这份闲心。即使有闲,还须有钱,有钱有闲才可生出是非。

大清江山到了康熙帝已稳稳坐定，闲情逸致随之而来。每逢春季，惊蛰一过，皇上便要去先农坛，以身作则，收拾他那一亩三分地。栽一棵葫芦，待果实初成，模之以范，束之以绳，经一个夏秋的风风雨雨，春华秋实，结出硕果，采摘以后，配口加工，制成各类器皿及文玩，统称匏器。

以植物果实仿人工艺术品，匏器无出其右。明末有个举人叫巢鸣盛（字端明），明亡后远离城市，乡居生活，住宅四周种满葫芦，他擅长制作匏器，自用的器皿，大都用匏制成，也不知有没有实物留到今天。匏制的瓶、碗、盒、盘、鼻烟壶等，今人观之，仍瞠目结舌，让人觉得神奇，其中最让人爱不释手的是一种冬养夏虫的匏器，俗称蝈蝈葫芦。

在无法记录声音的古代，在北方漫长寒冷的冬季，倾听夏虫之鸣是一种奢望。老百姓有这种奢望有点过分，皇帝有就不算过分，为此，康熙皇帝亲自耕种，成为楷模。学者看待这有做作之嫌是学者的事情，看法归看法，康熙一朝的匏器许多都因之堂堂皇皇地范有“康熙御制”四字，历历在目，与器物同在。

将硬木事先雕成阴模，按一定法则组装在葫芦幼果上，强迫它长成所需的模样，称为范。“模范”一词当由此来。这说起来容易，做起来难。葫芦范在模中畸形发展，失败多于成功。一个模一年只有一次显示身手的机会，成功殊为不易。匏器的另一种工艺较之前者经济,绳之以法则。勒扎幼果,受力必须均匀,还不能影响其生长。这对工匠的要求极高，阴阳向背、天灾人祸都可能使之前功尽弃。

蝈蝈为夏虫，鸣声清脆。吴语中“官”“蝈”不分，仕途为人所向往，这也是蝈蝈受古人喜爱的潜在因素。画家绘夏趣图，也往往少不了蝈蝈。至今在夏秋之季，仍有农民将此虫贩于都市，走街串巷都用不着吆喝，其鸣声之响亮生动，诱惑着远离乡村的城市孩童，还有成人。

每当树叶凋零，北风呼叫之时，再想听见蝈蝈叫声，已算是奢侈之事。这奢侈，在皇帝身上顺理成章。入冬以后，宫廷中有专人分（音奋，即饲养）蝈蝈，七七四十九天，脱壳七层，夜不能寐，将小若黍米的卵培育成成虫，装入葫芦中，揣在怀里，任大雪纷飞，蝈蝈在人为的环境中无忧无虑，振动羽翅，发出悦耳的鸣声。

一国之君，想保住江山，思想上一刻也不容放松，事必躬亲。君主制国家压在君主肩头的更是一副重担，谁让你一个人说了算呢?！皇帝高高在上，吃穿住行，都有宦官操心，出行时黄沙铺地，鸣锣开道，百姓均须回避，何况虫焉？为防刺客，紫禁城内除御花园等地均不栽树，太和殿前更是寸草不生，哪来虫鸣？

而皇上在他一言九鼎的地方仍觉得不甚舒服，满朝文武，唯唯诺诺，变成一个臃肿的大包袱，落在皇帝肩上。这时，皇帝期望摆脱精神重压，期望倾听自然之声！皇上在蝈蝈的叫声中心理暂时得到安慰，这种追求逐渐演化成一种时髦。上有所好，下必甚焉。冬养夏虫，以求鸣声，重在听。

蝈蝈葫芦亦因之在音而不在形上下功夫，据说工匠能使蝈蝈在不同葫芦中发出宫、商、角、徵、羽五音。到后来，一方面由于工匠取悦于皇帝，另一方面民间得以普及，葫芦演变成重形而不重音了，同时又分出蛐蛐（蟋蟀）葫芦。在器口用材上，有象牙、玳瑁、虬角、紫檀，唯恐不显其贵；在工艺上，蒙心高起，尽雕工之能，穿枝过梗，以能动而不掉为佳，从一动起，多至不等。我见有十八动之多蒙心，弹丸之地，佛八宝，暗八仙，外加两鹤，虫一鸣，随之颤动，叹为观止。葫芦外形，也嫌光素不过瘾，以范、掐、烫、雕、绘等手段，穷极工巧。

整整一个清朝，完整了匏器这种只属于中国、只属于清朝的独特的艺术。在外国人眼中，这门艺术不可思议，国人却不以为然，对于5000年的文明古国，这属于雕虫小技中的小技，要不是倚仗年代近，恐怕早就自生自灭了，哪儿会有实物留至今天呢！

最后捎带一句，清宫档案记载，新年伊始，太和殿两侧置蝈蝈葫芦以万计，瑟瑟寒风中，新春盛典，皇帝龙袍加身，28人大轿抬至宫前，届时，蝈蝈吟唱，金鼓齐鸣，一派勃勃生机。此形式庄重而又寓意深刻，曰："万国来朝。"寓大清国日益强大，世界各国前来叩拜。古人将生活情趣赋予政治内涵，这是很典型的一例。

◀ 清代 官模子双蕙图蝈蝈葫芦

12. 一台没有重心的晚会

将各色釉、各类彩集于一身，为乾隆朝独创。做出这么矫情的事情，一定是丰衣足食之后。官窑瓷器烧造，清康熙恢复，雍正发扬光大，至乾隆达到顶峰。顶峰一定要有旗帜飘扬，瓷母就是这面飘扬的旗帜。

瓷母叫法通俗，即各色釉、各类彩之母，仔细一想，此叫法道理不通，分明是其儿，不是其母。但叫瓷儿，失之滑稽，故叫瓷母，按中华民族传统美德也有尊老之意。

瓷母的烧造想必暗合宫廷旨意，皇帝凭空想见此器模样也是道难题。景德镇窑工们深知自己的能力，也愿讨得宫廷青睐，反复试烧，在前人技巧的基础上，玉成此器。高低温釉彩十数种，清晰而不乱，相互交合，分不出高低贵贱，如同人工花坛，堆砌出的美丽依然是美丽。

但这类瓷母不宜提倡，各门类釉彩的优点和缺点淹没其中，好不显好，坏不显坏。这是艺术之大忌，艺术无须搞平衡，艺术强调个性。

清乾隆一朝以其得天独厚的条件，把瓷器做得前无古人、后无来者，但它没能攀上美学的峰巅。堆砌的艺术就是一台丰富的文艺晚会，全是重点，却没了重心。形式再花哨，到头来也是曲终人散，两目茫茫。

乾隆瓷母就是个清代瓷器的晚会，也是个证物，证明200多年前乾隆盛世的风范与心态。这个风范是清乾隆鼎盛期的华丽奢侈，无所不用其极，以文化的强势忽略美学的含蓄，注重表而不注重里。这个心态是炫耀，以我朝之力达到古人未曾有过的高度，展现天朝大国海纳百川的胸怀，从而忽视了被接纳者的内心感受。

▶清乾隆　各色釉大瓶　故宫博物院藏

13. 宋人与宋枕

中国古代有一种很少有人使用的枕头，式样简单，截一段圆木缀上小铃。枕在上面极不舒服，须小心翼翼，保持半睡半醒的状态，意在小憩，避免沉睡过去。否则，枕一动，人惊醒。此枕被文人赋予了一个极为美丽的名字：警枕。足见古人珍惜光阴的良苦用心。

与此相反，有一句我们经常用的成语也与枕有关：高枕无忧。源出《战国策 · 魏策一》："为大王计莫如事秦。事秦，则楚韩必不敢动。无楚韩之患，则大王高枕而卧，国必无忧矣。"2000多年前，古人对枕就有了这样深刻的理解。

古人使用的枕质地很多，不限于今人要求的柔软。用陶土堆塑成型，入窑高温烧成瓷枕，隋朝已见。唐以后，瓷枕渐多，至宋从质到量达到登峰造极。金元以后渐少渐衰，直至消亡。

谈瓷枕，离不开宋。笔者见过的宋枕磁州窑的为多。形容宋枕，得用许多话，简单地说，就是丰富：兽形枕中有龙枕、虎枕；人形枕中有孩儿枕、仕女枕；几何式样中有长方、八方、椭圆、银锭等，腰圆、鸡心、云头、花瓣等随意造型……

宋朝重商，商税成为国家财政的重要收入。国都东京(今开封)商贾云集，夜不禁市。于是，瓷枕中的名牌“张家造”应运而生。当然，还有“赵家造”“王家造”等。今天看来，千余年前宋人生产的瓷枕仍可谓美不胜收：一鹭鸶置身芦苇之中，双腿岔开，回首相望，用笔寥寥却生机一派；一孩童持竿垂钓，神情专注，几条小鱼欲咬欲溜，情趣盎然；两束卷草，丰满柔韧，舒展大方……

笔者陆续见过不少瓷枕，由于价昂，没有留下几个。瓷枕发展总的来说是年代越早尺寸越小。唐枕中常见不足一拃长的，人称脉枕，是否为中医号脉专用，待考。宋枕尺寸适宜，金元以后，尺寸加大，可达尺半，显得笨拙。瓷枕为生活用具，常随亡者下葬。因被历史淘汰，罕有传世品。瓷枕为平民百姓所用，皇帝大概嫌硬，另有所枕。于是，瓷枕中透着一股市井气，说直白一点就是俗气。

这股俗气给后人带来宋人的情趣。宋人图安逸，不尚浮华，干不出唐人那等辉煌热烈的事来。两只鹌鹑，一行飞雁；顽童蹴鞠，赶鸭捉雀，无不流露宋人知足常乐的人生观。你可以完全想见宋人在人口增殖、物阜民丰之际，陶醉于这种“小家碧玉”的风范之中，自得其乐。

在瓷器中，再没有比文字装饰更能直接反映当时人的思想了。唐代的铜官窑(长沙窑)中，书写诗歌的不少，许多诗还可以在《全唐诗》中查到。显然，这与唐代诗歌兴盛有直接关系。而宋枕，却大量书写词曲。如："左难右难，枉把功名干。烟波名利不如闲，到头来无忧患。积玉堆金无边无岸，限来时，悔后晚，病患过关，谁救得贪心汉。"一曲《朝天子》，把这个枕头的主人的失意和无奈表现得淋漓尽致。"烟波名利不如闲"，宋人有点看破红尘了，于是，大宋江山也就成全了赵佶(宋徽宗)这位国政庸碌无为、艺术颇有造诣的皇帝。

枕头与人的关系太密切了，要睡觉难免先看枕头一眼。工匠们就利用这一眼，在枕面上写上"众中少语，无事早归"，写上"为争三寸气，白了少年头"，写上"过桥须下马，有路莫行船，未晚先寻宿，鸡鸣早看天"……写上许许多多通俗的格言，这些格言与宋人生死不离，生时指点迷津，死后警醒来世。这又潜移默化地养成了中国人"忍一时风平浪静，退一步海阔天空"的秉性，充满道家意味的风格。

宋人在忍与退中让出了半壁江山，国都由北南迁至临安(今杭州)。北宋与辽，南宋与金，"和平共处"，委曲求全。采取守势的大宋王朝竟然也颤巍巍地度过了300多年。

枕在宋瓷中有极为特殊的地位，它所拥有的天地记录着宋人的生活哲学。宋人对生活的寄托流露在酒肆茶馆，宋枕则装有宋人身心放松、与世无争的心态。追求琴棋书画，追求醉乡酒海，在风花雪月中高枕无忧，宋人的祈盼却不能永远保证“家国永安”(宋枕语)……

笔者藏有一个有文字装饰的宋枕，虽略有残，但仍喜爱。枕为八方形，呈现腰圆状下弯，写字方向与枕垂直，这与一般文字枕有异。字虽竖写，但需从左读起：“长江风送客，狐馆雨流人。”此枕颇值得玩味。内容为传统对联形式,“长江”对“狐馆”，专有名词对专有名词；“风送客”对“雨流人”，平仄对仗工整自然。上句明白无误，送客为来，但下句“狐馆”一词费解。雨流人的“流”与“留”通假，有“流连忘返”为证。“狐”字只有两解，一与狐狸有关，狐疑、狐臭、狐仙等，另一解为姓氏。

狐馆不论是什么馆，应与狐狸无关，否则谁还敢进入？那么，只剩一条路了，即狐姓人开设的馆。也许是茶馆、酒馆、餐馆、旅馆，当然也不排除是妓馆。反正是一个让客人驻足、狐老板收费赚钱的地方。这地方应该在长江沿岸，否则风怎么能送客于狐馆？这地方还应该常常阴雨绵绵，否则雨怎么能留住人？无论在长江的上游、中游、下游，都离这枕的产地磁州(今邯郸)很远。当时这类定烧的商品往返一趟并非易事，由此可见狐馆应该为当时当地的一大名馆，与“长江”去对也就不为过了。

狐老板作古已近千年，此枕是陪他下葬，还是陪他的亲属甚至客人下葬均未可知。但有一点不言而喻，瓷枕已被淘汰，现在在博物馆内供学者研究，供观者欣赏。

宋朝有个著名的史学家叫司马光，他幼时聪慧，机敏过人，破缸救人的故事在中国可以说妇孺皆知，流传千古。成年后的司马光编纂了一部巨著《资治通鉴》，全书洋洋300余万字，贯串1362年的史事，至今仍是史学界重要的参考研究资料。可有一点恐怕鲜为人知，这部鸿篇巨制的编纂者，常睡警枕，就是那种十分不舒适又睡不踏实的枕头。

往事越千年。今人的枕已科学化了，讲究材料与质地，讲究舒适与合理。前面说过，瓷枕年代越近，体积就越大。按照这个思路，枕越做越大，如今的鸳鸯枕长竟可同床宽，看来也没逃出历史发展的趋向。其副产品——枕旁风当然刮得就更加情意绵绵，这一点却是有追求的宋人没能享受上的。

◄ 北宋 白釉文字枕 大英博物馆藏

14. 宫花拂面倾城色

粉彩作为陶瓷的主要品种,最后一个登上历史舞台。康熙晚期,清朝的江山已呈稳固气象,景德镇的窑工们为奉迎统治者,创烧出了一代风华的粉彩。历经雍正一朝发扬光大,到乾隆时粉彩已妩媚多姿,成为陶瓷大家族的重要成员,以至乾隆以后,粉彩数量骤增,有撼动青花霸主之倾向。

以审美层次来看,粉彩处在金字塔的底层,具有最广泛的大众基础。这是粉彩自诞生起就备受欢迎的原因。在表现色彩的层次上,粉彩抓住了自然界色彩变幻的根本,强调色彩过渡这一基本特征,一扫五彩的热烈,专注色彩的柔和及过渡,将瓷器上的人物、山水、花草鱼虫、翎毛走兽,自然界中的一切真实的特征展现,这就是艺术美学的原真性追求。

从这点上讲,粉彩是唯一的。这个唯一性成就了粉彩后起之秀的地位。景德镇彩瓷诞生并不算晚,几乎与青花同步,如果把青花视为水墨,彩瓷则是重彩,以五彩发之先河。由于青花的地位,五彩长时间地未能摆脱青花的笼罩。明代五彩、斗彩两大品种中，青花总要占有一席之地——青花五彩在有明一代从未有过实质性的改变，斗彩则更不要说了，无青花则构不成斗彩。

直至清康熙，五彩才真正冲出了青花五彩的樊篱，以纯粹五彩在江湖中站住了脚。以蓝彩替代青花是康熙对五彩这个古老品种划时代的贡献。五彩由此变成热烈奔放，以大红大绿夸张的心态强调色彩在瓷器上的装饰手段。而粉彩低调出现，浅斟低唱，如同苏州评弹的妩媚，绕梁三日，不绝于耳。粉彩的艺术魅力正在于此。

工艺层面上，粉彩强调一个“粉”。玻璃白的掺加，使得平涂的红绿有了层次，变得立体。粉彩在追求艺术写真上，改写意为写实，着重表现事物真实自然的一面：比如花卉，注重颜色盈泽，阴阳向背；比如翎毛，注重羽毛质感，色彩变幻；比如人物，注重神态表现，容貌明暗。这些改变，是中国陶瓷表现力的一个飞跃，这个飞跃显然受到了西洋艺术的影响。

在康熙以前，中国的工艺家们没有注意这层意义。当西方传教士将西方艺术中的绘画手法及西方的珐琅釉料一同传入中国时，出现了珐琅彩宫廷御用瓷器。粉彩紧紧步其后尘，通过中国工匠的才智，加快了外来艺术本土化的速度。

了解这些，就知道了粉彩这个伟大的陶瓷品种的重要性，就知道当今世界上清代陶瓷冠军、亚军、季军为何都是粉彩。

观复博物馆的霁蓝描金瓜棱粉彩花卉大瓶，就是粉彩中的佼佼者。尺寸之巨，在乾隆一朝同类品种实属罕见。尤其在造型变化上，器身呈六瓣，以委线分割，肩与胫部的对应如意纹凸起，丰满盈目。霁蓝深沉，足金描有数层纹饰，富丽堂皇，一派皇家风范。尤其粉彩的表现，把多色花卉的妩媚（芙蓉）、娇柔（莲花）、丰腴（牡丹）、清高（菊花）、冷艳（梅花）、亮丽（石榴花）表现得淋漓尽致，御窑厂的工匠们以超现实的写真能力，以博皇帝一粲。

故宫博物院藏有与此件拍品类同的另外一只。尺寸相同，品种相同，造型相同，唯一不同的是，本件六面花卉，故宫藏品隔一变化为文字装饰，三组装饰文字皆为乾隆皇帝的御题诗，并绘有乾隆常用的“乾隆”“宸翰”“唯精”“唯一”“比德”“朗润”六枚印章。仅此可见当时乾隆帝的重视程度。故宫博物院清瓷藏品千万，有乾隆印鉴的藏品为数寥寥，且件件精品。与其比对，就知此件大瓶的重要。

200多年后的今天，对于我们，能够看到祖先创造的灿烂文明如此炫目，能够有幸如此近距离地欣赏这样一件国之重宝，能够抱有无尽的幻想将其揽入怀中，这完全应了那句佛家箴言：三生有幸。

注：本文标题出自唐代诗人李贺与刘禹锡的诗句：

草暖云昏万里春，宫花拂面送行人。（李　贺）

有此倾城好颜色，天教晚发赛诸花。（刘禹锡）

◀ 清乾隆 霁蓝描金粉彩花卉纹瓶 观复博物馆藏

15. 收藏是一种证物

文物收藏之所以诱人，藏品增值无疑是最直接的原因。加之中国文物浩如烟海，种类繁多，以个人智力、财力、精力与之挑战，败多胜少，刺激无穷，这就使生活富足的现代人倍感亲切，乐此不疲。

中国历史上的收藏热大都形成于物阜民丰之际。我们熟知的赵宋皇帝宋徽宗，就是一位身体力行的收藏爱好者。时隔千年，我们仍能读到成书于北宋宣和年间的有关收藏的各类书籍。徽宗酷爱艺术，不谙政事，做了“国家画院院长”，却丢了国家。这让后人对这一段幽怨的历史唏嘘不已，百思不得其解。

这就是收藏的魅力。让一个有着超人智力、敌国财力的皇帝，丧失了治国的精力，留下千古憾事。我们今天仍对赵宋江山所遗留的书画、陶瓷等艺术珍品怀着崇高的敬意。对宋徽宗——赵佶本人的艺术造诣也怀着同样的敬意，因为他创造了一种崭新的书体——瘦金体。

2002年春季，中国嘉德拍卖公司在北京成功地拍卖出宋徽宗的《写生珍禽图》，成交价为2530万元（包括佣金）[①]。每一个在拍卖现场的人此时都会激动不已。十数人勇敢地举起了手中的号牌，像攀登珠穆朗玛峰一样轮番冲刺。

我在现场，享受着那振奋人心的一刻，所有人都对每一次的价格攀升发出惊呼。一位老者，倾自身全部财力，倾终生对艺术的向往，在1300万元高价位勇敢地伸出自己那只苍劲的手。我知道，那是老先生全部的财产。他用行动阐释着收藏的魅力。事后，他对我说，那东西（《写生珍禽图》）属于我了一秒钟。

1300万元与一秒钟，是老先生酷爱艺术的写照，我甚至觉得他的1300万元与成交的2530万元相比，前者更让人感动，虽败犹荣。

这件《写生珍禽图》虽为徽宗本人所绘，却没有落下徽宗手迹，因为何种原因，众说纷纭。但上面却留有另一位赫赫有名的皇帝手迹，这就是乾隆——清王朝最富魅力的皇帝。乾隆帝为12帧画面均题有手迹并钤盖收藏章，表明他对这件神品的珍爱。

我们对乾隆的了解，除去学者，大都来自赏心悦目的电视剧。这位风流倜傥的皇帝一生都是传奇。他自称十全老人，文治武功前无古人，后无来者。乾隆一生作诗48万余首，仅比全唐诗少千余首。

---

① 2009年5月30日，该图在保利春拍上以6171.2万元（包括佣金）拍卖。

看官可想，唐朝近300年，有名有姓、无名无姓的诗作，今存累加仅略胜乾隆一人，可惊可叹！乾隆帝不忘祖训，一生射杀猛兽无数，70多岁高龄时仍每年赴承德木兰秋狝，令今人钦佩。

这样一位皇帝，也同样酷爱收藏。乾隆在位长达60年，后又做了4年太上皇，当之无愧地是中国历史在位最长的皇帝。他政事繁重，日理万机，但一获闲暇，就会取天下宝物自我欣赏，吟诗作赋，倍加赞赏。清档记载着乾隆帝每一次赏古，在三希堂那半间小屋，古物向一国之君诉说着往事。那一刻，乾隆帝身心得以放松，精神获得慰藉。这有《弘历赏古图》为证。

我们今天获得一件乾隆时期的文物已很欣喜，两三百年的时间对历史不过一瞬，但对我们却是遥不可及。在文物面前，不仅我们是过客，连鼎鼎大名的弘历也是匆匆过客。我们在文物面前走过，带着它传递给我们的文化信息。我们接受，我们享受。中华文化就这样通过一件件具体的文物一代代地传承。

盛世收藏，乱世黄金。太平天下，百姓衣食富足，便感到精神世界开始空虚。他们需要精神物质来填补内心的空白。文物兼精神与物质两个方面：一件文物包含的精神是一种文化，是那个时代人们对世界的理解；而物质自身，除去材质的特性，更多的是前人对精神的具体追求。

当我们捧着一个白瓷碗时，我们应该知道古人用了上千年的努力，才摆脱了烧瓷中的“黑暗”，同时摆脱了黑瓷碗在吃饭时在心中留下的阴影。不知你想过没有，每天捧着黑瓷碗吃饭心情是否沉重？当然，收藏一只白瓷碗与收藏一只黑瓷碗的乐趣不仅如此。

当我们用“宁为玉碎，不为瓦全”来表达某一种决心时，我们应该了解中国人使用玉的历史。美石为玉，中华民族对玉石的顶礼膜拜，归纳为玉有五德：仁、义、智、勇、洁。还有什么理念比这五德更具魅力吗？所以古人谆谆告诫：“君子无故，玉不去身。”藏家佩玉的沾沾自喜就源于此。

我写这篇文章时，北京惊雷滚滚，夏季夜晚的雨下个不停，一只捡来的大狸猫（花肥肥）耐烦地卧在我的桌上，看我写作。我惊异我们两个互相生疏的面孔，在这一刻为何如此和谐。有生命的物质与无生命的物质，在这一刻获得平衡。历史不会停歇，一刻不停地向前，留下的是物质，带有文化特性的物质就是文物。它是一个证物，证明中华民族曾有过怎样的辉煌，证明人类进步每一步是怎样的不易，这些信息构成了文明的魅力。

这个魅力，对于收藏就是我们百思不得其解的真正动力。

▲ 北宋　徽宗《写生珍禽图》（局部）

16.

乾隆青花荷花纹贯耳大瓶

乾隆青花瓷器中制作了一部分大器，尺寸较大，一般都在五百圾（音件）以上，这些作品大都是陈设瓷，一方面因为市场有需求，另一方面也是为了显示乾隆时期高超的制瓷工艺。大件瓷器的烧造比小件要难，原因很简单，胎体厚重容易夹生，胎体薄了成型困难，入窑以后也易开裂变形，成为废品。

乾隆青花荷花纹贯耳大瓶，高55.3厘米，按景德镇传统计量术语，称为五百圾。造型取直颈，附有贯耳，斜直肩，肩下渐收至足，最大圆周超过1米。器型周正，观之雄伟。纹饰分三层，满绘荷花纹，荷花的描绘力求形似与神似。荷叶的阴阳向背，以及卷边都描绘细微；荷花层层渲染，颜色逐渐过渡，准确地表现出荷花肥嫩鲜艳的效果。

以荷花的表现论，这件贯耳大瓶是迄今为止见到的最富表现力的青花作品，应出于景德镇绘瓷高手。乾隆青花的颜色，大致可分为三个阶段：早期依然呈现雍正时期那种追求永宣晕散的效果；中期则是非常纯正亮丽的蓝色，这件大瓶即是这一时期的杰作；晚期在蓝中略闪紫色，此种现象在民窑中尤甚。乾隆青花颜色的阶段性是一般规律，但不是绝对规律。

这种高档陈设瓷为乾隆盛世时宫廷定烧，产量有限，尤其是这样精细的大件作品。底部署有“大清乾隆年制”篆书款。目前仅见两件，一藏故宫博物院，一藏观复博物馆。

◀清乾隆 青花荷花纹贯耳大瓶 观复博物馆藏

17. 古家具的尊严

我喜欢古家具时在旁人眼中实属另类。当时最流行、最能显示身份的是电镀家具。新婚燕尔，新房中如没有一对电镀折叠软椅，十分丢人。今天说来跟笑话一般，可时间仅过去不足20年。

我们对于工业化产品感兴趣不过是百八十年的事情。中国是一个自给自足经济的农业大国，手工业发达。千百年来，手工业对百姓的生活质量起着决定性的作用。家具生产是手工业极重要的一个门类。过去的中国人是否富有，外看房屋，内看陈设，一目了然。古人的财富比较直观,不像今人,穿得简朴,恐怕囊中藏有巨额股票。

室内陈设中最重要的当属家具。古人意识到了这一点，在家具设计上制定了一个原则——尊严第一，舒适第二。这个原则是古人生存的哲学。宋代以后，程朱理学主导了中国社会的生存理念，强调做人做事的准则。恰巧,中国古家具在此时定型,与后来的元、明、清时期并无大异。尊严第一，是指家具设计中首要考虑的因素是视觉感受，体积、式样、材质、工艺等无不强调使用者的尊严。舒适第二，在前者的基础上，再考虑使用者的舒适度。

这非常令今人费解。家具使用，本应舒适第一，而古人为何先要强调尊严呢？诺基亚手机的广告词反复说“以人为本”，这是西方人的意识。而中国古家具如也拟一句广告词，可以说“以人文精神为本”。这就是东方与西方在人生哲学上的不同。

了解以上这一点对家具收藏很重要，就会从根本上体会古家具的奥秘，比如，皇帝的宝座是一个床形，而不是椅子的形状。这是为什么呢？原因是古人早先是席地而卧的，晚上睡觉的地方白天用作待客中心。久而久之，睡卧地方的重要性就显出来了，满屋席子主要的位置是主人睡卧的地方，这就是“主席”一词的由来。英文“主席”（chairman）一词说得也很清楚，椅子上的男人。两者比较一下，就可以明白中国皇帝的宝座与欧洲皇帝的座椅为何一个床形一个椅形了。

其实更多的人对中国古家具的兴趣缘于这些年它们的价格暴涨。20世纪80年代，国家百废待兴，像一个久病初愈的人，希望尽快补充营养，恢复体力，而对衣着容貌无暇顾及。古家具这种重尊严、轻舒适的历史产物在那时被忽视顺理成章。当时的古家具连“喝街”（走街串巷收购者）的都不要，嫌沉。我记得我住的胡同里的老住家，搬家时对古家具怨声载道，埋怨祖宗留下的财产中看不中用。

20年前在北京，一对红木太师椅加上方桌只卖15元。那时北京有一种商店叫信托商店，只卖旧物，现已几近绝迹。北京的老住户经常把不用或没地方置放的老家具运到信托商店，卖个仨瓜俩枣的钱。信托商店还不当时给钱，卖完了给货主写封信，贴上四分邮票。货主见信后会马上来取钱。当时方桌不论式样，不分材质，只要是硬木，一律8元。那时的人们知识少，分不清紫檀、黄花梨、红木、鸡翅木，一律统称红木，以至今天林业部颁发的行业标准也将其统称为红木。

信托商店在北京分布均匀：东城有东单、东四、北新桥；西城有西单、西四、宣武门；南城有花市、前门、广安门；北城过了地安门好像蛮荒一样。每一个信托商店跟前都要聚集一帮三轮车工，帮买主将大件家具运至家中，服务殷勤周到，但少不了要小聪明。

我曾碰到卖主在信托商店守着方桌嘬牙花子，围着一大帮人出馊主意。一打听，卖主急用钱，信托商店当然不能先付，有原则的。卖主就急了，说谁给钱就卖谁。天快黑了，仍没有人给钱。我看着方桌是真心喜欢，心想买了家中也没地方放，再说8元钱哪儿都有卖的，什么时候都能买到。所有人没有任何收藏意识，这种优秀的古家具以后会值钱！卖主的决心在于自己杀价抛售，当降至6元钱时，我忍不住了，话赶话地与他成交了。三轮车工们立马就围上来了，最后只用4毛钱就送到我家。第二天，我用肥皂水猛一通刷，把陈年污垢统统洗刷干净。

现在收藏古家具都有一个概念叫“包浆”，南方人称“皮壳”，这是指古家具年久以后在表面形成的一层硬度很高的保护层，没了包浆(皮壳)就有作伪的嫌疑。因当时没人作伪，所以没人说什么包浆、皮壳，也就没人（包括我）爱惜历史形成的证据。

现在不一样了，凡收藏或喜爱古家具的人都把这个专业“术语”挂在嘴上，什么包浆不好、皮壳伤了等，不一而足。收藏段位高的，可以分出包浆南方和北方的差异，可以分出是天然形成的包浆，还是人为做上的包浆。既然包浆已成为古家具鉴定的首要标准，作伪者在此下的功夫就可想而知了。

时至今日，回忆当年，恍如隔世。目前中国古家具的世界纪录不断被刷新，这会儿谁都盼着自家也有几件古家具，可能两套豪华别墅都顶不上一对柜子，这让我们这些炎黄子孙多少有些汗颜，老祖宗留下的这份“家产”竟成为今人津津乐道的谈资，古家具收藏热的形成就不再是偶然的了。

▲ 清代　红木高浮雕攒拐子龙纹扶手椅　观复博物馆藏

18.

君子无故，玉不去身

中国人对玉的感情很深：我们用“冰清玉洁”来形容一个人的高尚纯洁；我们把一些赏心悦目的女孩称为“玉女”；成语中有“宁为玉碎，不为瓦全”这一千古名句；我们把办成一件好事说成“玉成”此事等。这种感情的来源其实很原始。在人类早期的生活中，一切美好的东西都会留下不可磨灭的印象。因为那时人类的生存状况太艰苦，要与许多今天已不会带来灾难的事物对抗，比如野兽，比如风雪……

人类在进化过程中加入了感情色彩，从动物中脱离出来。人类首先对自然界中的自然之美进行了归纳，有选择地将之升至精神领域。玉的概念逐渐形成——美石为玉。我们今天对玉的膜拜与古人没有本质上的不同。把自然界中的天籁之物赋予新的生命，中国古人至少为此努力了一万年。

近些年，经常有朋友找我帮忙，欲寻求一块好玉，佩戴于身。男人们的注意力在玉的品质，选择一块子冈牌子挂在腰间，闲时握在手中摩挲，发古之幽情。人多的时候还可以掏出来示众，炫耀时的得意一望便知。女人则喜欢将玉坠挂在胸前，在风景区内再增添一道风景。

玉的历史其实非常久远，红山、良渚、殷墟等早期文化中均有发现了玉。这时，在古人的装饰中，玉恐怕是最高等级的财产了。到了战国至汉时期，古玉的发展达到了前所未有的高峰。它涵盖的内容除了财富、艺术、礼仪之外，还增加了政治的含义。

汉朝宫廷礼仪繁缛。中国的封建王朝自秦创建，至汉已迅速达到第一个高峰。由于战国及秦的连年征战，宫廷政治斗争险恶，刺杀之事屡有发生,荆轲刺秦王的故事已成为千古新闻。至今陈凯歌、张艺谋等仍津津乐道地向观众讲述2000多年前的惊险故事。“图穷匕首见”这句成语已让国人运用了2000多年。我们可以想见，英雄荆轲在展开图卷的一刹那，掏出匕首时的果敢杀气。

大汉宫廷，被秦王这生死攸关的一幕惊呆了。痛定思痛，汉廷规定，大臣们佩戴古玉组佩上朝。组佩，顾名思义，成组的玉佩。组佩由大小不一的玉佩组合，中间衔以丝绳，佩戴腰际，限制了文武百官上朝时的行动。如果有人动作过大过猛,组佩就会叮当作响，势必引起侍卫的注意。当然，更多好处来自玉佩的自身文化。

玉有五德：仁、义、智、勇、洁。

仅从字面就可以准确理解其含义。古人在赋予玉品德时使用了最高等级的字眼，多方位地囊括了玉的全部内涵。但这仍不够，一代代的中国人，对玉还产生了另一种情感——财产观。

从远古起，寻求一块美玉培育了古人充分的占有欲。别人腰际或胸前的美玉，会变成自己觊觎的目标。美玉难寻，进入奴隶社会，尤其进入封建社会，财产对个人愈发重要，财产“质”的含量迅速超越“量”的含量。一小块美玉，尤其再经过工匠的琢磨，会变成一种超越自然财产的财产。说这些话很饶舌，但仔细品味，就可知晓其中之味。

几千年来，上至王公贵族，下至平民百姓，始终不忘对这份财产的追求。著名的典故“完璧归赵”讲述了惊心动魄的故事：赵国得到了楚国的和氏璧，秦昭王要用15座城池来交换。赵国多少有些贪，遂派蔺相如前去以璧换城。蔺相如同志到了秦国，示璧于秦王。秦王喜爱之极，爱不释手，但丝毫没有割城之意。蔺相如大惊，临危不乱，设法将璧弄了回来，奉还赵国。说起来，这恐怕是历史上有关玉的最大、最惊险的一宗交易了，“价值连城”说的就是此事。

“价值连城”给后人的感觉是：物件小，价值高。大的东西说价值连城恐无表现力，比如说天安门城楼价值连城，听着就不如腰间的子冈牌子价值连城震撼人心。所以说，财产观是中国人游离玉德之外既实际又庸俗的玉的观念。

距我第一次听说子冈牌子有20年了。一位老者眉飞色舞地向我讲述子冈玉如何如何，十二分炫耀地向我展示了他腰间的几代祖传的“国宝”。我当时诧异地看着这块寸方的白玉佩，费力辨识上面龙飞凤舞的诗文，唯“子冈”两字清晰而无歧义。为此，我跑去故宫，看玉器馆，翻玉器书，才知子冈全名叫陆子冈，乃明末苏州制玉大家，天下第一。惜传世之作可认定真品无疑的仅寥寥几件，都在北京故宫和台北“故宫”，而且全是摆件，没有佩件。换句话说，所有署有子冈款识的玉牌子都系后人伪作。

听来十分悲凉，子冈牌子无一真品。其实仔细一想，亦可释然，一真若无有，全假即全真。凡达到乾隆一朝工艺的，凡够上乾隆那个年代的，理应算是真品。子冈已不再是人名，变成一个品牌，就像李宁牌运动鞋，肯定不是李宁本人缝制的，事缘同理。

佩玉的习俗在古代文化观及财产观的支配下，历朝历代的文人雅士、巨商富贾，以及庶民百姓，无不以佩玉为吉。故古人谆谆告诫：“君子无故，玉不去身。”说的是作为谦谦君子，如没有特殊原因，身上应该随时佩戴一块玉。实际上，这是在提醒世人，牢记玉的品德，并使其成为自己做人的基本准则。

◀ 清代　白玉巧雕灵芝祝寿牌　观复博物馆藏

19. 养在深闺人未识

人类对美的追求一般都有一个由简到繁的过程，但繁到登峰造极的时候就又会回到初始状态。现在世界上流行简洁的审美，从家具到服装，简洁已成为上流社会的首选，只有少数人才喜欢大红大绿带烦琐花边的衣服。

古人对陶瓷的审美一开始就滞后于制造。那时，陶工的生产只考虑实用，不考虑审美。好不好看不重要，重要的是好不好用。一旦生活富裕了，人们就开始追求奢华，在陶瓷上刻画几笔，表明人们对美的追求。

彩陶随之出现了，原始青瓷的印花划花装饰出现了，绘画瓷器也出现了。至宋朝，中国陶瓷的基本装饰手法已经完备，攀登上了美学的第一个高峰。

后来的1000多年，陶瓷成了中国的代名词，China一词双关。陶瓷的装饰手法再没有本质的突破，仍在全素(颜色釉)、单色(青花)、复色（彩瓷）中徘徊，只是越来越美丽，越来越讨世人欢心。

彩瓷唐朝就有了，我们所说的彩瓷是以绘为主，有具体图像内容，唐三彩那种胡涂乱抹、随意生成的不算。宋朝最负盛名的彩瓷就是磁州窑产品，粗枝大叶，肆意豪放，曾被日本人奉为神品。进入元、明、清，彩瓷品种开始增加，色彩丰富许多。五彩、斗彩、珐琅彩、粉彩相继登场，前后持续大约400年时间。

今人不搞专业又不喜收藏的人恐怕很难分清上述彩瓷的区别，老百姓也没必要分清它们，反正瞧着赏心悦目就可以了。其实工匠们的发明就是为讨好社会,问题在于早期的彩瓷发明是在讨好百姓，晚期的彩瓷品种均是讨好统治者——明清两代皇帝。

五彩、斗彩、珐琅彩、粉彩四大彩瓷成为彩瓷的主流，其他诸如素三彩、墨彩、矾红彩、浅绛等都是衍生出来的品种。了解彩瓷的人都能感受彩瓷品种内在的变化,由外在热烈逐渐变为内在含蓄。粉彩是彩瓷王国的收山之作，发明它时已近康熙王朝尾声，距今约300年。

雍正一朝使粉彩迅速发展完善,数年的工夫粉彩就攀登上顶峰。这跟雍正帝有关，在繁忙的政务之余，雍正为减轻心中的压力，对粉彩倍加关爱，御批中对粉彩的烧造常有具体指示：某某花卉去掉黑色，某某叶子少画一点等。这些御笔朱批今天都可以在清档中轻易查到。

雍正粉彩鹤立鸡群无疑与此有关。政治是经济的前提，经济是艺术的前提。雍正粉彩所达到的妩媚、妖娆、娇艳，前无古人，后无来者。

这个成就用数字来表达就比较通俗易懂。

美国驻以色列大使家中有一盏台灯，基座是一只中国粉彩花瓶。当把这只花瓶改做台灯时，想必不是专业人士干的，手中没有金刚钻，揽不了这瓷器活，无法在瓶底打眼，电线也就无法从中穿过，只好在瓶身外耷拉着，不甚雅观。这只花瓶，应该说这只台灯就默默地在大使床头待着，为其夜读照明。不知是大使的幸运，还是台灯的幸运，这么多年，这只台灯没有被顽童、用人或猫狗打破，在床头柜上一待就是几十年。

大使去世后，家人处理后事时请苏富比专家来帮忙。专家就是专家，进屋巡视后说，一屋子财产可能不抵这只台灯，说完就将其送上苏富比的拍卖会。

后来的故事颇富传奇，世界各地的行家藏家闻风而动，蜂拥而至。轮番上手，翻过瓶底，上面写着：大清雍正年制。每个人都在庆幸当年改制台灯的人英明，未在瓶底打眼，否则遗憾万年。

现在可以告诉读者的是，这只雍正粉彩八桃橄榄瓶高40厘米，当年以4150万港元成交后，主人慷慨地捐赠给了上海博物馆。

◀ 清雍正　粉彩福寿纹橄榄瓶　上海博物馆藏

20. 成杯一双，值钱十万

10年前我去日本，朋友知我喜收藏，遂安排我去一位日本陶瓷收藏家的府上做客。老人道骨仙风，风范无边。我作为后辈，战战兢兢，手足多少有些无措。

我们的话题显然是陶瓷。尽管有语言障碍，但以专业沟通，我们还是谈得兴致勃勃。可能老人见我不属滥竽充数之辈，心血来潮，从内室沏茶一杯，端放在我桌前。

我只瞥一眼，便惊呆了。黑漆描金托盘上，一只彩瓷小杯静卧，杯小不盈握，薄如蛋壳，上绘数只小鸡，古拙可爱。老人示意我用茶。

我如果有所不知，恐无本文。可我知此杯为明成化斗彩鸡缸杯，旧时曾为彩瓷之冠。有多少英雄豪杰为之敬仰，有多少富商巨贾因之倾家。这只斗彩鸡缸杯为老人在20世纪80年代以500多万港元在香港拍卖会上竞得。这个平时只能在博物馆隔着玻璃观望的国宝，却平静地在我的面前，茶汤微黄飘香，青烟袅袅上升。

自打我知道成化斗彩鸡缸杯时，就对前人的成就心存敬意，可从未想过拿此杯饮茶，连上手看看都已是天大的享受。

屋静如无人。

我右手轻轻拈起小杯，左手托稳，一口饮尽清茶，然后向老人行礼道谢。我说：“这是我这一生喝过的最昂贵的茶了。”

老人说：“茶不以杯贵，却以人贵。你是贵客、知音。”

我真高兴啊！我第一次在书上看到“斗彩”一词时，在读音上颇费踌躇。“斗”字两音：一为去声，比如争斗、斗嘴；一为上声，比如斗笠，烟斗。不了解“斗彩”本义，就无法读出准确之音。“斗彩”原意为釉下青花与釉上彩色争奇斗艳，也有文献写成“逗彩”“豆彩”等，并不是因鸡缸杯形状如圆斗，就叫斗（dǒu）彩。我听过无数人把斗彩叫作斗（dǒu）彩，一出声就外行了。

鸡缸杯的来历并不复杂。明成化皇帝贪吃好玩，追求美器。明朝刚刚度过正统、景泰、天顺三朝（史称黑暗期），百废待兴。成化帝不谙政事，却熟悉各类小技。斗彩在成化诞生并发展并非偶然。青花勾线，填以彩色，柔和淡雅，一出世则万人喜爱，明朝后来的皇帝们在斗彩追求上都逊成化不止一等。

鸡缸杯顾名思义，造型如缸，绘雄鸡、雌鸡、雏鸡等，流行成化一朝，在古玩界风靡至今。谁拥有成化鸡缸杯，仅一件就可以傲视同侪。今人恐不明白这小若鸡卵的小杯，何以魅力如此。

答案也不算难：一是成化鸡缸杯小而薄，易碎，500多年来，稍有不慎即成千古恨，故至今世界上存世者寥寥，物以稀为贵是颠扑不破的法则；二是这小杯在明朝一出生就是皇家血统，从未沦落百姓家。历代皇帝都推崇备至，据《神宗实录》记载：万历皇帝极喜爱鸡缸杯，身边有“成杯一双，值钱十万”。这是当时的价钱，距今已逾百年。《神宗实录》就是万历皇帝起居的生活档案，想必准确无误。

由于成化斗彩鸡缸杯名气太大,明清两代仿品极多。尤其雍正、乾隆时期，仿品比比皆是，有的妙肖之极，有的却离题万里。不管如何，成化鸡缸杯身价与名气已坐定江山第一把交椅，曾领导彩瓷数百年。

可惜的是明朝自成化之后，斗彩并无发展，后来的七八朝皇帝并无超越之意，浑浑噩噩，躺在前辈身上享福，一代不如一代，最终将大明江山断送给李自成。

不能超越自己，最终总会被别人超越。一只小小的鸡缸杯，也在诉说同一个简单的道理。

▲ 明成化　斗彩鸡缸杯（对）　故宫博物院藏

21. 天下第一奇案

从美国西雅图市到丹佛市约2200公里，如果坐飞机，那么这个距离可以忽视。但我们坐车，得开两天，每天在路上12小时。我们一行四人，由朋友艾梅霞一人开，沿途欣赏美国西部风光，一些印第安人的古战场已是青草茵茵，杀气不在。那些历史上著名的地方，海明威最喜欢的爱达荷州、出恐龙化石的科罗拉多州确实名不虚传，美不胜收。

当丹佛市进入我们的视野时，我在想“丹佛”两字的中文含义。丹可当作红色讲，佛无他义。丹佛应说是一座红色的佛像。这仅是一种巧合？

丹佛艺术博物馆亚洲部的大塚先生到饭店来接我们。我们先去他的办公室，准备一下演讲的具体事宜。大塚先生是美籍日本人，不善言辞，但办事认真、一丝不苟。他陪着我们参观了丹佛艺术博物馆的中国艺术收藏，各个门类齐全，琳琅满目。

丹佛艺术博物馆的展陈大部分呈开放状态，尤其大件藏品强调亲切和谐。它的家具不多，但件件精美，一架四柱黄花梨架子床十分少有，俏丽俊秀。走到展区尽头，一张超大的黄花梨大条案赫然眼前，居高临下，使我震惊。

此案长度颇奇，达4米多。据我所知，乃存世第一长案。整个案面为一整板，不拼不接，厚达10厘米，由此可见黄花梨木成树的宏伟。惜国人从未见过“黄花梨”树的整体形象，仅见历尽千辛万苦海运回来的树干。明朝人对黄花梨木推崇备至，行云流水之纹理，温润油黄之颜色，深受市场喜爱。一经问世，傲视群雄。

此案造型奇特。取架几形式但没有双几。腿足仍采用托泥，厚重壮硕。此造型我只见过此一件。

本文的标题是“天下第一奇案”，想必读者第一感觉是什么离奇案件，而非家具！这涉及一个常识，在中文中，桌与案是有区别的，而英文没有，都叫table(桌)。中文中的桌与案区别在于腿部的位置，腿部顶住四角为桌，缩进来一截为案，戏剧里常见的包公所用的即为案。桌与案的区别仅此一点，与其大小、宽窄无关，有画桌就有画案，有书桌就有书案，有炕桌就有炕案，不一而足。

问题在于，案的等级比桌高，造型上也夸张。我们常说拍案叫绝、拍案惊奇、拍案而起等，表明了一种高尚的情绪。而说拍桌子瞪眼、拍桌子砸板凳即表明了一种无奈的情绪。古时候，审理案件大堂中摆的都是案，而非桌。所以由案衍生的词汇就多，比如“案件”原指案子上的文件；“审案子”原指在案子面前审理这件事情，还有案头、文案、案卷、方案等。读到这里，读者自然就理解“天下第一奇案”的误解原因了。

丹佛艺术博物馆的这件藏品，我曾在多年前见过。原在福建偏僻乡下的一家宗祠里，污垢满身，沧桑之极。不料辗转万里，来到丹佛，摆在博物馆里，熠熠生辉。

300多年前，一个大家族的宗祠落成，制作这样一个大条案，也是十分重要的事情。或许大家商量了很久，选材设计，集资倾囊，才制作了这件迄今发现的第一长案。谁料长案在宗祠一卧300余年，阅尽人间沧桑！谁又料到这长案竟远涉重洋，摆在丹佛艺术博物馆内，任凭来者阅览。

我与大塚先生聊着这段往事，他听得十分认真，不停地记录。我感慨中国文化在异国他乡尚有如此之多的人欣赏研究。丹佛艺术博物馆引以为傲的大条案，包含这样多的文化内涵，传达这样多的文化信息。中国文化在不经意间教育了中国人，也教育了美国人。大部分美国人正是通过博物馆来了解中国文化，并了解了中国的。

天下第一奇案已成为一个无言的使者，它要在这里待上很久很久，我们谁能设想300年后?!

▲ 明晚期 黄花梨大案 美国丹佛艺术博物馆藏

22. 获得与炫耀

我在丹佛艺术博物馆讲课前两个小时，狂风大作，乌云翻卷，并夹杂着硕大的雨滴。本来挺暖和的日子立刻冷了起来。听丹佛的朋友讲，这在丹佛也是极罕见的天气。随着天空提前到来的黑暗，我的心情有些沮丧，生怕听众因此不来或少来。冷场对讲演者十分残酷，多少也算是考验。

讲演的题目是“中国古人的起居”。国人对此内容大都不屑一顾，自己怎么生活自己清楚，犯不上听别人叨唠。可外国人对此感兴趣，愿意知道2000年乃至更长时间，四大文明古国之一的中国，在怎样一个人文环境中生存，后来又有什么变化。

准时热情的丹佛人给了我尊重。他们都来了，其中不少白发苍苍的老者。这让人感动。在丹佛艺术博物馆的教室，我向他们致谢：感谢他们在这样一个恶劣的天气，给了我无比的温暖。

如果在2000年前，我们不会这样坐在椅子上听课。孔夫子讲大课时，一定是双膝着地，上身挺直，专业术语叫跽坐。盘腿坐叫跏趺坐，俗称打坐。参加过日本正式和式场合的人，都感受到了跽坐的不易。反正我连10分钟都扛不住，就被好心的主人批准打坐了，可有些胖人连打坐也都扛不住，只好赖坐了，没姿没势。

中华民族是个兼收并蓄的民族，襟怀宽阔，海纳百川。2000多年前，人类生活方式就分得清楚之极。亚洲地区都坐在地上，称席地坐，欧洲地区都坐在椅子上，称垂足坐。席地坐和垂足坐是区别人类起居方式不同的基本标准。我们想一下，躺着不会有什么不同，站着也不会有什么不同，唯独坐着，就有明显的区别。所以人类起居在分类上就以坐姿为准。如果我们究其原因，气候与地理可能是构成两个起居阵营的根本。我们知道，亚洲地区早期人类的生存之地大都较干燥，而欧洲则较湿冷，湿冷的欧洲人很早就被生存之道逼得被迫高坐，而贪图安逸的亚洲人在地上赖了许多年。

在汉唐之际，只有中国人利用了这几百年的时间，改变了起居习惯，由席地低坐改为了垂足高坐，视野随之开阔，精神空间也随之开阔。至今亚洲其他国家的生活方式大都还和2000年前雷同，比如前面提到的日本，还有印度、朝鲜、韩国、泰国、孟加拉国、斯里兰卡等。

可我们还是保留了很多早期生活方式和习俗，还留下了许多痕迹。例如语言，我们管吃饭叫筵席，结婚时常大摆筵席。筵的本义是铺在地上、坐在屁股下的大席子，而席则是摆在面前当桌用的小席子，可以视为桌面。再有，中国话中有关“席”的词汇有很多，如席地、席位、席次、主席，当然还有副主席。这些都与我们先人的起居形式有关。显然今天“席地而坐”时，屁股底下不需要真有席子；联合国给中国的席位上也不必铺上一块席子；逐个进入会场时，每人也不必手中拎一块席子；主席绝不会坐在一张硕大的席子中央。其实，说来可乐，主席的本义就是席子中央的那个主要男人，而英文的“主席”则是椅子上的主要男人。

用比较的方法容易让别人听懂并有兴趣，站在别人的角度思考可以发现自己忽视的问题。讲课对我是一个锻炼，许多思考了许久的问题在某一时刻茅塞顿开，碰撞引起的触动最容易激发出火花。每当此时，我就想起一句佛教术语：积思顿释。

以上这些知识似乎与收藏无关，读者们大都对具体的藏品感兴趣，尤其是真伪与价格。其实收藏的乐趣这仅仅是一小部分，而且是很小的一部分。绝大部分的乐趣一定是你精神的获得以及炫耀。当你把你由收藏所获得的知识传授给别人，当别人对你刮目相看时，你会觉得收藏的乐趣广泛得很。如果有一天，一个初学乍练又极爱收藏的人，毕恭毕敬地站在你的面前，叫一声老师，你一定会从心底乐不可支。好为人师，这是我不可告人的最庸俗的一面。

▲ 东晋　顾恺之《列女仁智图》（局部）　故宫博物院藏

23. 窗含西岭千秋雪

我们今天对门的感受有些麻木，只是在装修时挑挑拣拣，一投入使用就全然没了欣赏的习惯。进门时急急忙忙找锁眼，出门时看一看贴在门上的备忘录，门的功能与词典上的解释非常合辙：出入房屋的机关。

我们对窗就更麻木了，连早期人类生存的乐趣都没有了。窗的古字为囱，是开在屋顶上的，主要功能是通风透气，采光不太指望它。采光的窗是开在墙壁上的，叫牖（y ǒ u），我得把读音注上，我想大部分读者懒得查字典。

还有一个知识借此讲一讲。古代早期的房屋门是单扇的，称为户。而“门”字古写为“門”，意为双开，双开门出现得较单开门晚。门户都是门，门当户对就是门对门，加入身份对等的意思是后来的引申。古人的房屋采光经常依靠门。《淮南子·说林训》有准确的描述：“十牖之开，不如一户之明。”古人在墙壁上凿10个小窗，还不如打开门亮呢！那时候既没纸也没玻璃，想必牖充其量是个小洞。

可后来，我们的先人逐渐改善了门窗，使得门窗由单一功能向功能兼艺术化转化。我们今天仍有幸欣赏到宋、元、明、清时期的门窗实物，通过绘画及其他形式的文物，还可以欣赏到汉唐甚至更早的门窗。

过去收藏界分类中没有人收门窗，没人想起这件事。门窗划在建筑或家具中都显得有些勉强。门窗随着建筑的命运，一荣俱荣，一损俱损，悲哀之极。中国没有一家博物馆把门窗作为展品。只是头几年，上海博物馆的有识之士才将古代门窗作为茶室以及家具馆的陪衬，发挥出一点点余热。

可西方的许多博物馆都有各国的古门古窗陈列，比如美国哈佛大学博物馆、费城博物馆，还有波士顿的一家极具特色的博物馆——伊莎贝拉·斯坦瓦特·嘉得娜博物馆。那里居然有8片中国清代潮州风格的隔扇门。我对创建这家被美国人亲切称为“花园博物馆”的创办人伊莎贝拉——一位漂亮的老太太肃然起敬，百年前的妇人之见远远高于我们。

我们今天还能看到的古代门窗实物不过唐宋，而且寥寥无几，全为国家级保护建筑。能够有幸收藏的绝超不过明朝，且大都是清朝遗构。我数年前第一次在浙江乡下见到如此之多、如此之美的门窗时，内心忍不住狂跳，我无法想象我的先人们对生活怎会有如此的乐趣与向往。一扇门，一扇窗，山水与天地之间，先人们已诠释得如此完美。

我实在不愿意说的是当时的价格，低得无法向古人交代。我买了许多，陷入一种疯狂。保护这些门窗已成为责任。今天，当古典装修风兴起，古门窗价格飞涨，许多人向我投来羡慕的目光时，我仍苦恼。我盼望这些充满智慧与追求的遗物能摆在博物馆内，向我们的后人，以及后人的后人慢慢诉说我们绚丽的历史。

我在丹佛艺术博物馆的另一场讲演中，讲的就是“中国古代门窗”。美国听众的兴趣广泛，问题五花八门，他们的提问很多都是我过去少有思考的，或者是忽略的。我作为传授者，仍然在听众的提问中频频获益。由于翻译太辛苦，我简化了许多意思的表达，也不知美国听众理解否。我们现在来吟诵一首著名的唐诗：

两个黄鹂鸣翠柳，
一行白鹭上青天。
窗含西岭千秋雪，
门泊东吴万里船。

此诗为大诗人杜甫所作。头两句四种颜色，听觉、视觉均获满足。后两句如同水墨画，山水相连，写山无山，写水无水。高人！门窗屡屡入诗，如此之美者，却是鲜见。这些我都没跟美国人讲，怕他们不能充分理解其中的妙处，还是讲给同胞们吧，仔细体会，其乐无穷。

祖先们依赖的门窗，充满了神奇。它的文化内涵，已成为中国古人传统的教科书。我猜想，在没有影视图书的年代，每个母亲一定会抱着儿女，站在自家门窗前，教给他们：这是花，这是草；这是猪，这是鸟；这是山，这是水；这是三国，这是水浒；这是三娘教子，这是卧冰求鲤；这是拦江救阿斗，这是吕布戏貂蝉……中国文化的传统通过门窗在一代代延续。

我写了一本大书叫《中国古代门窗》[1]，精装本很沉，足足有4公斤重，躺着不可以阅读。

---

① 马未都. 中国古代门窗[M]. 北京：中国建筑工业出版社, 2002.

▲ 清代　锦地花卉人物纹隔扇门　观复博物馆藏

24. 元青花的仿制

元青花的仿制仅有20余年的历史，在所有的仿制瓷器中是个新军。没有证据表明在20世纪80年代以前有人仿制过元青花。尽管中国人历史上的作伪匪夷所思，但的确没有人染指过元青花。原因很简单，美国人波普博士从20世纪50年代才开始研究元青花，当他的“至正型”元青花研究成果公之于世，也仅限于学术上的成就，与商业保持着相当的距离。元青花真正得到全世界的商业关注，不过20余年的光景。

趋利是作伪者的唯一目的。在元青花没有高价值的年代，作伪没有意义。加之很长一段时间元青花并不得宠，研究水平也低，从社会学角度看，没有仿制的基础和必要。

1987年，元青花在香港苏富比第一次达到百万美元大关，当时拍卖现场的热烈至今使人记忆犹新。从那一天起，作伪高手们就开始觊觎元青花的高额利益，开始了一场马拉松式的仿制过程。

一般人都会想当然地认为元青花的工艺与后来的明清青花工艺

无大异，无非是拉坯、利坯、绘制、上釉、烧制几道基本工艺。所有早期仿制的元青花都是想当然的作品，虽说不上离题万里，但千里百里的差距总是有的，明眼人一望便知。

我20世纪80年代去景德镇时，还参观了建国瓷厂批量生产的玉壶春，仿元青花风格，仅售15元。当时的仿制仅是个意思，追求形似，不求神似。没有丝毫欺世的目的，15元钱里已包括工厂谋求的正当利润。

早期仿制的元青花漏洞百出，在纹饰、造型、比例关系、釉色、胎体上顾此失彼。20年前的仿品最容易犯的错误就是主观臆造：常常可以看到层次多而体形小的“大罐”；上半部纹样与下半部纹样有冲突；细部纹饰与整体纹饰有矛盾；造型不顾纹样，反之纹样不顾造型……总之，矛盾冲突是早期仿制品的普遍现象。当时的元青花与明初青花的研究连一流专家都未吃准，工匠们就更没工夫深究了。在第一次浪潮中，景德镇想当然地烧造了一大批赝品，至今还在社会上游荡于刚入门的新手之中。

20世纪90年代以后，由于元青花掀起的热潮不退，学者们的研究成果频频面世，上述显而易见的错误已被仿制者不断纠正，卧薪尝胆般地使元青花的仿制踏上一层台阶。这时的“元青花”已有几分模样，以专业眼光看，很多仿制品可以给60分（及格）或80分（良好）。越来越多的仿制品像水银泻地般地渗透到市场之中，使许多淘宝者如获至宝。这时的“元青花”尚未引起人们足够的警惕，十余年间，我见过无数捧着此类赝品的津津乐道者。

金钱的动力使元青花的仿制步伐加快。世纪之交，元青花的仿制在少数人手中已可以乱真。这不是耸人听闻。我以自己的专业敬告读者，以肉眼辨识，世界上没有一个专家敢拍着胸脯说他可以百分之百对元青花的真伪做出正确判断。凡是说自己有百分之百把握的人一定是个说大话者。

元青花的工艺在这些高明的仿制者眼中已是非常成熟的工艺，他们把自己沉浸在700多年前的元朝，摸索出元人的路子，感受元人的气息。这已和工艺无关，跟感觉有关。当工匠捕捉到这种奇妙的感觉时，与真品无二的元青花就诞生了，在人们没有戒心的头几年，就是这样一些“元青花”闯荡江湖，风光无极。

元青花的工艺特点中与明清最不同的就是制坯工艺。我们看惯了陶瓷工艺中拉坯的情景，也知道拉坯工艺在陶瓷制作中能提高效率。可元青花时代,拉坯工艺尚未实行,元青花无论琢器,还是圆器，第一道工序均是印坯。印坯就是模印，有模在先，成型在后。懂得这一点，就可以体会元青花为什么有那么多八方梅瓶、八方葫芦瓶、八方玉壶春、棱口大盘、花口小碟，这些模制的典型均没有摆脱宋影青模制工艺的影响，与景德镇同时代的枢府釉作品相同。模制成型是元青花的制造原则，可惜这个原则长时间被研究者、仿制者忽略，导致元青花仿制之路的马拉松长跑。

今天，已经有人率先冲破了终点线。我们如果能摆脱狭隘，能够站在历史的高度来看待此事，这未必不是件好事。以当代人的智力、财力、精力、耐力达到古人的高度，是一件富于挑战、充满魅力的竞赛。有人做到了，就应该有人为他欢呼。

2005年7月12日，这一天对于元青花乃至中国瓷器是个值得纪念的日子，鬼谷下山元青花罐创下了中国古代艺术品新的世界纪录。以体积而论，世界上没有任何一件艺术品的价格高过它。由于这件元青花集历史价值、人文价值、科学价值于一身，在伦敦佳士得拍卖会上一飞冲天，一鸣惊人。这个偶然中有必然。

第一，元青花人物纹故事题材的稀缺。这类人物故事大罐存世量不足10件，且几乎都在国外。这种军事题材的作品在任何朝代都是极为重要的文物，在元青花之前，尚没有其他瓷器门类对此关注。“三顾茅庐”“萧何月下追韩信”“尉迟恭单鞭救主”“蒙恬将军”“细柳营”以及本件“鬼谷下山”，都反映了元朝后期蒙古人与汉人政权之争的残酷性，失去江山的汉人将收回疆土的希望都寄托在这些艺术品上，巧合的是景德镇曾是朱元璋长期驻扎的营地。

第二，元青花的艺术成就。无论青花创烧于唐或宋，都与景德镇青花无传承关系。换句话说，景德镇的元青花成熟之快，是所有瓷器望尘莫及的。它几乎没有萌芽期，甚至看不清成长期，一经问世就顶天立地、玉树临风。正是这神奇的历史现象，让世界各地的博物馆、收藏家趋之若鹜，以一件重器即可傲视同侪。

第三，环境成熟。国内的经济环境，国际的政治环境，都在表明中国这个东方睡狮已经觉醒。中国艺术品的杰出代表——瓷器，在西方艺术市场早已获得地位确认；中国瓷器的杰出代表——元青花，经过50年的研究追捧，已是一轮中天红日，释放出耀眼的光芒。

所有这些，都是构成“鬼谷下山”天价的条件，而这个天价出现的时机恰恰又是元青花仿制有了突破性进展的时候。700多年的光阴，对我们真可以说千载难逢。

天时、地利、人和，我决定仿制“鬼谷下山”大罐，限量24件，留给子孙。这批仿制品经多次试验，与真品已非常接近，烧造工艺与元代相同，即使一流专家也必须认真分辨。尤其是绘工，惟妙惟肖之极，没有20年的仿制经验，无法达到如此高度。我们期望再有700年的时间，那时的中国人或外国人看到这些仿制品，能够发出一声惊叹。

鬼谷下山元青花大罐像一个使者，带着700多年前元代一切文化特征，传递着充满智慧的一笔精神财富。这笔财富，让幸福与拥有者同行。

▲ 现代 仿制元青花“鬼谷下山”图罐 24 件之一

25.

资本主义的先驱——欧洲的贵族们曾长时间青睐中国瓷器。从万历二十八年（1600年）起，英国、荷兰、法国、丹麦等国在很短的时间内相继成立东印度公司，负责中国与欧洲之间的贸易。这个贸易总量中，瓷器占了很大比重。17—18世纪，欧洲人心甘情愿地领教了中国陶瓷艺术。当时，欧洲各国的贵族们虽然热衷中国瓷器，命工匠追逐模仿，但他们却很长时间陷入困惑，找不出中国瓷器既坚固耐用，又美轮美奂的真谛。

这就为中国瓷器日后在世界艺术之林取得崇高地位埋下了伏笔。欧洲的贵族们以拥有中国瓷器为荣，以陈设中国艺术瓷器为时尚。中国瓷器随即成为权力与地位的象征。东方艺术对西方艺术影响最大的就是我们祖先发明的陶瓷，至今在欧洲的博物馆里，在历史最悠久的古堡中，随处可以看到中国瓷器的陈列。

中国瓷器之美在欧洲近代文明中根深蒂固。当资本主义列强扩张时，他们的触角伸向了大洋彼岸神秘的东方古国，觊觎很久的宝物一件件地流向欧洲，让那些对东方艺术垂青的贵族欣喜若狂，当时许多贵族家中陈列的瓷器举目皆是。在这场马拉松式的艺术追求中，中国瓷器一次又一次地攀上价格高峰，奠定了今天中国瓷器价位的坚定基础。

1840年爆发的鸦片战争对中华民族是个耻辱。从那时起，中国瓷器像开闸的洪水一泻千里，涌向欧洲。中国人几乎没有能力保卫家园，更别提保卫我们的瓷器。今天许许多多连创世界纪录的中国瓷器，都是在那之后流到欧洲并沉淀下来的。在强大的经济支撑下，欧洲包括后来的美国学者腾出时间开始有系统地研究、搜集中国瓷器。看一看伦敦大英博物馆、法国吉美博物馆、美国大都会博物馆，就会明确知道西人的努力。

正是他们这种不懈的努力，将中国瓷器推向世界艺术的巅峰，尤其是世界工艺美术的巅峰，至今高山仰止，无人企及。这在世界美术史上是特例，只有中国艺术是工艺凌驾于美术之上的。200余年来，中国陶瓷的国际价格一直大大领先于绘画雕塑。而西方艺术中，首推绘画，其次雕塑，任何工艺品都与瓷器不能相比，望尘莫及。

中国瓷器今天的国际价格与绘画相比，以冠对冠，以亚对亚，以季对季，均在4倍之上。这不是偶然，也没有偶然，原因复杂，大致有四。

第一，中国瓷器为中国人发明，长期霸占世界容器市场，而容器的制造是人类文明的坐标，以至瓷器和中国都叫作China。

第二，中国的工艺家（不称工匠）在制作陶瓷的过程中，勇于承担社会责任。历代陶瓷中不仅有花前月下、弹琴观瀑的怡情之作，也有鬼谷下山、三顾茅庐、萧何月下追韩信等军事题材的磅礴之作。

第三，中国古人的聪明才智。陶瓷工艺上的进步世人有目共睹，唐代的南青北白，宋代的五大名窑，元代的青花，明清的彩瓷，一步一个脚印，一步一个变化，使中国陶瓷丰富而充满魅力。

第四，中国陶瓷的美学境界。当陶瓷与古人的生活不可分割的时候，美学随时代变化而变化，一次又一次攀登美学高峰。尽管陶瓷美学仁者见仁、智者见智，但陶瓷代表中国的美学，毋庸置疑，当为魁首。

这些原因，左右着每一位追求陶瓷美器的人，使他们出手不凡。陶瓷一次又一次地刷新由自己创下的纪录，近半个世纪，每一类型的陶瓷都曾抢眼，汉绿釉、唐三彩、宋官窑、元青花、明釉里红、清珐琅彩，它们交替领先，使中国陶瓷大军色彩纷呈，令人眼花缭乱。

由于历史原因，中国陶瓷的价格体系是外国人制定的，国人一直在观望跟风。国内有拍卖以来，一旦优秀瓷器出现，国人的伸手就显得沉重，就显得小心翼翼，本可以到手的机会被大量放弃。加入国际拍卖行列，面对西人的强劲，多数重器我们无还手之力，只能眼睁睁地看着它们再度漂泊。

时间已经证明，30余年来，中国陶瓷在国际市场上涨的幅度，无一例外地呈锯齿状上升，许多重器一旦重出江湖就会风光无限，多数被认定价高而不可再升的瓷器仍以数倍天价让世人瞠目。

陶瓷收藏之路一定会漫长。随着国人认识的提高，随着国人实力的增加，随着国家的强盛，早晚有一天，中国陶瓷的各个门类，都会由我们自己创下新的纪录！我们尚不敢说，我们将大获全胜，统领中国瓷器的江山，但有一点不言而喻，攻坚战已打响。我们用200余年的时间，与失去的时间对应，还不能拿回我们的阵地吗?!

陶瓷是中国人发明的，中国人当然对它寄托着无限情感。陶瓷虽是中国人发明的，但它已成为世界文明史中最重要的章节，它在历史、科学、艺术、人文诸多方面都形成极其重要的价值。这个价值高到无法用语言表述，也没有任何标尺可以标明，世人只能用金钱作为坐标，通俗易懂，表明中国人发明的陶瓷文明达到了一个怎样的高度。

▼ 宋代　哥窑胆瓶、官窑水呈　观复博物馆藏

26. 清代瓷制笔筒

笔筒作为文房用具正式登上历史舞台，不会早于明代。有很多证据可以证明此事：明代遗留下来的绘画作品有很多，大量写实的作品应该能够准确记录文人的案头陈设，可明中期以前有关文人活动的绘画中并没有出现笔筒，这一点非常重要。目前完全可以证明是明朝笔筒的实物，大多为明末万历、天启、崇祯时的作品。由此大致可以推断笔筒的产生时间当为明晚期。

明晚期有一位叫作屠隆的文人，他在万历十一年（1583年）写了一本专门关于文具的书——《文具雅编》。在这本书中，屠隆提到了笔筒："湘竹为之，以紫檀乌木棱口镶座为雅，余不入品。"这段话是目前所知关于笔筒的最早记载。

笔筒应该是竹木制在前，瓷制在后。明代笔筒以前者居多，后者则在入清以后数量骤增，品种应有尽有，在康熙朝达到高潮，雍正、乾隆时期风格变幻多样，常有美轮美奂之作。

清代笔筒数量首推康熙，康熙笔筒首推青花。

康熙笔筒能创造这样一个历史奇迹，并非偶然。清圣祖康熙皇帝重视汉学，写得一手可以乱真的董（其昌）字，从上至下带动了文房用具的生产。其中笔筒尤为出色，官窑、民窑均大量生产。

康熙青花笔筒数量之多，质量之精，空前绝后。这首先要归功于康熙时期的青花取得了巨大成就，能利用青料的浓淡不同，使本来单一的颜色变得仿佛五色斑斓，营造一种特殊的美感，这种美感又极容易使大多数人接受并理解。

康熙青花笔筒所绘题材丰富多样，包罗万象。山水风景，翎毛走兽，花卉博古，均有涉及。文采风流之中，可觑见文人们在康熙朝的轻松心态。

康熙二十三年，收复台湾，开放海禁，大清江山至此坐定。作为帝王，康熙皇帝是中国历史上几个少有的开明君主。他深知汉文化对中华民族的影响之大，故而着意笼络汉族知识分子，以统治大清江山。西汉王褒所撰《圣主得贤臣颂》在这样的背景下，变成了满汉皆能接受的文章。常见康熙青花“圣主得贤臣颂”笔筒，书写一丝不苟，工整严密，釉里红“熙朝传古”章，为康熙一朝官窑精品。

笔筒造型简单，一般口底相若，呈筒形，少有大的变化。这样的形状为人物故事类题材的绘画提供了足够的空间——它的筒状外形能够使匠人们描绘一幅首尾相连的完整图画。下笔舒畅，自由发挥空间大，使绘画匠人对人物题材倾注了极大的热情，令我们今天看到这样的画面依然被深深吸引，比如雍正青花“西园雅集”笔筒正是此类笔筒的代表作。画面数丛修竹，静谧清幽，名士们随意而坐，一人抚琴，两人用心倾听，旁有小童烹茶伺候。雍正朝作品常可见康熙朝的遗风，但雅致犹有过之。

清代瓷制笔筒中还有一个重要品种，即雕刻类作品。瓷器中的雕刻工艺多用于单色釉，浮雕、阴刻各具特色。道光仿竹釉雕瓷山水人物笔筒，明显受到竹木雕刻影响，山水人物，亭台树木，无不显出精湛的技艺。底有“大清道光年制”六字款，为道光朝的官窑笔筒精品。另一件豆青釉暗刻龙纹笔筒，釉色平和淡雅，赏心悦目，以刀代笔，刻画自如，线条清晰醒目，别有韵味，充分体现瓷制之优势。

笔筒作为文房用具，为文人所钟爱，常带有强烈的时代风格，不乏精品。从这一点来看，国人似乎更能理解它携带的宝贵的历史信息。

▲ 清康熙　青花“十八学士图”笔筒　观复博物馆藏

27. 飞青

“飞青”一词充满了浪漫因素，而这种浪漫却有悖于科学。所以陶瓷在科学上没有“飞青”一词，这词只在日本语中以中文形式出现，特指龙泉青瓷上有装饰意味的褐斑。

中国陶瓷自古至今的装饰大趋势是由简及繁，商周的素器与明清的艳瓷中间隔着千山万水。许多装饰手段最初是偶然出现的，后被工匠与文人一道发现并加以利用，最后成为主动的装饰形式，褐斑算是极为典型的一例。

中国南方大地以红土为主，含铁量高，凡瓷器中呈现颜色必是金属所致。铁当然不例外，而且还是陶瓷呈色剂的主力，天青、粉青、冬青、豆青乃至铁青（黑色）均为氧化铁所致，区别仅在于釉料的呈色剂铁含量的多寡。东汉之前，江南青釉中偶见的褐斑可能是窑工在施釉时粗心混入当地碎土所致。进入晋朝之后，不知哪一天云开雨散，有人开悟，将失误“褐斑”变成主动的审美追求。以至在今天各地博物馆内都可以寻见东西晋、南北朝时期的青釉褐斑作品。

这一审美的出现并不偶然，缘于魏晋风骨的出现：竹林七贤的清峻通脱，崇尚自然；王、谢世家的觥筹交错，文采风流；桃源陶令的乐安天命，颖脱不群；琅琊二王的法书，刘勰的文心雕龙，顾恺之的绘画以及谢赫的画论，都将魏晋时期率真纵情的个性充分表达。在此大背景之下，青釉褐斑这一装饰横空出世。

上海博物馆藏晋青釉褐彩盘口壶，仅在盘口点彩一周，间或八系之上。温州市博物馆藏晋青瓷褐彩鸡首壶，器身满点，乍一看毫无规律，细观可辨大小点的刻意布局。故宫博物院藏晋青釉褐彩四系盘口壶，状如树叶，斑彩醒目。这一时代点彩在陶瓷首现且在历史长河之中昙花一现，显然与魏晋风骨有关。

之后，这类肆意点彩的装饰风格在陶瓷历史上消失了约5个世纪，直到北宋文人的矫情到来。当景德镇的青白瓷已经能被炉火纯青地把握之时，褐斑装饰又悄无声息地出现，情景再现。江西省博物馆藏宋青白釉点褐彩执壶，与晋青釉点褐彩盘口壶几近一致，历史惊人再现，思路一致。首都博物馆藏南宋青白釉褐彩荷叶盖罐，点褐彩于整器身，疏密得当，平衡一致。重庆博物馆藏元青白釉褐斑带座瓶为元代典型造型，点施褐彩，追求变化。景德镇青白釉点褐彩作品自宋到元，从未占上主流一席，多为小品小样，一副弥补不足之相。可点彩入元进龙泉领地，天地完全改观，大气大象，浓墨重彩，绘笔意于江山，让龙泉青瓷飞青成就了点彩的压轴大戏。

英国大维德基金会藏元龙泉飞青花觚，与日本黑前筑田家藏的龙泉飞青花觚系同类产品，青釉浓艳，点彩适度。日本大阪市立博物馆藏元龙泉飞青玉壶春瓶，被日本定为文物最高等级“国宝”，釉色之青翠，点彩之节制，造型之优美，堪称无与伦比。惜此类作品国内只有小件器物，不见大件现身，比如观复博物馆所藏元龙泉飞青鬲式炉。

龙泉青瓷点褐彩称为“飞青”始于何时何地，至今尚无文献资料可查。我曾带此疑问寻问过多位日本专家，均不能解释“飞青”一词的由来。查阅古汉语词典，未收录“飞青”一词，在浩瀚的中国古诗词中，也不见“飞青”两字并列使用，甚至中国有关陶瓷的专业书籍中也无人关注过“飞青”。这算是我几十年陶瓷生涯中的奇事一桩。

晋代　青釉褐彩盘口壶
上海博物馆藏

晋代　青瓷褐彩鸡首壶
温州市博物馆藏

晋代　青釉褐彩四系盘口壶
故宫博物院藏

宋代　青白釉点褐彩执壶
江西省博物馆藏

南宋　青白釉褐彩荷叶盖罐
首都博物馆藏

元代　青白釉褐斑带座瓶
重庆博物馆藏

元代　龙泉飞青花觚
日本黑前筑田家藏

元代　龙泉飞青玉壶春瓶
日本大阪市立博物馆藏

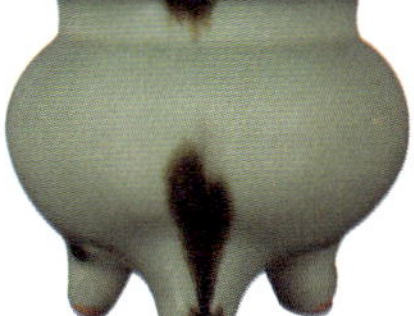

元代　龙泉飞青鬲式炉
观复博物馆藏

28. 鼻烟壶传奇

我们已知有确切纪年的最早鼻烟壶是铜质的，为顺治元年(1644年）程荣章造。以此为准，鼻烟壶应为清朝始创。在清廷统治的267年间（1644—1911)，鼻烟壶生命力强盛，创造的辉煌无与伦比。

鼻烟是舶来品，在明朝万历年间，由意大利传教士利马窦进贡传入中国。明朝晚期，鼻烟的使用仅局限于宫廷，进入清朝后普及迅速。西方有学者认为，康熙帝是推动鼻烟普及的关键人物。有关他与鼻烟的记载颇多。康熙首次南巡（1684年)，行至南京时，有西方教士携文物多种跪地接驾，康熙大悦，传旨：“朕已收下，但此等方物，你们而今亦罕有，朕即将此赏赐你们，惟存留西蠟，即是准收。”［鼻烟（snuff）的译音为西蠟］康熙帝只留鼻烟，可见其熟识喜爱程度。从康熙朝起，鼻烟的容器——鼻烟壶的生产就纳入了宫廷造办处的日常工作。由于鼻烟的药用作用，以及身份的象征，鼻烟很快在上层社会蔓延开来，成为王公贵族时尚的享受。小说《红楼梦》里就不乏使用鼻烟的描写。

中国人的物质追求往往还要强调精神层面，鼻烟也没有例外。当以大瓶盛装的鼻烟需要分装携带之时，西人的鼻烟盒立刻就显露出缺陷：首先，鼻烟盒开启麻烦，需要双手操作，打开取烟时极易扣翻，尤其满族为马背上的民族，在行进中使用尤为不易；其次，烟盒一旦开启，烟与空气全面接触，易受潮变质或挥发气味，同时由于烟盒存在死角，也有浪费。这些致命的缺点，导致鼻烟被中国古人接受的同时，抛弃了西方人传入的鼻烟盒。

中国古人马上发明了一种鼻烟容器，克服了上述缺点，使鼻烟变得便于携带，易开启使用，不变质、不遗撒、不浪费。这就是鼻烟壶。

今天，我们已经很习惯这种称谓——鼻烟壶，很少有人想过它为什么不叫鼻烟瓶呢？这个小不盈握的东西分明就是一个小瓶嘛！在明朝的进贡清单上，鼻烟都是用大玻璃瓶盛装的，“大、小金花”“十三太保”等说的就是一斤装、四两装的鼻烟。在明朝末年，鼻烟瓶是鼻烟的最初容器，鼻烟盒是分装后随身使用的容器，鼻烟壶则是国人的创举。为了避免小瓶（鼻烟壶）和大瓶（大、小金花）混淆，鼻烟壶打诞生那天起就叫壶了。

这有据可依。中国壶在汉以前均无流，哪儿进哪儿出，而不是魏晋之后的壶的概念——大进小出。今天残留的语言痕迹是贮热水的暖水壶，当然也称暖水瓶。

鼻烟壶的壶就取此意，一箭双雕。既回避了与鼻烟瓶的混淆，又充满了古意，情趣盎然。

在清朝十帝的统治中，乾隆六十年（1795年）是个分水岭，多数工艺品随着乾隆故去而衰落。只有鼻烟壶,整整流行于清朝之中，品种层出不穷，花样翻新，数量惊人。到了道光时期，上至王公国戚，下到贩夫走卒，无不以吸食鼻烟为乐，其普及的程度与今日的香烟无异。

由于使用鼻烟的阶层广泛，对其容器的要求不同，一掷千金的御用鼻烟壶，极尽工巧，动用了最高等级的工匠、最上等的材料，把个寸许的小器件变成辉煌大样，可与任何形式的艺术品媲美。而平民百姓，凡能利用之材皆可成型，使得鼻烟壶千变万化，集清代工艺之大成。

玻璃胎画珐琅器是清宫造办处玻璃厂和珐琅作合作的绝活。中国自宋代瓷器高速发展起来，玻璃器就此基本止步。到了清康乾盛世玻璃再度以艺术身份进入历史舞台。西方学者认为，中国早期玻璃与西方玻璃同步发展，只是因宋代瓷器的迅速发展，尤其景德镇青白瓷的出现，导致中国玻璃发展停顿。成本昂贵是玻璃发展受到制约的主要原因。清宫造办处的玻璃厂，秉承皇帝的授意，运用了中国工匠独有的工艺，在鼻烟壶的设计和制作上，独树一帜，且精美绝伦。这就是玻璃胎珐琅彩鼻烟壶屡创纪录的直接原因。

这有一个常识，玻璃胎俗称料胎，名称来历俚俗。清代玻璃原料一般在山东淄博预先粗炼好，然后运到北京，等待造办处二次入炉精炼，这些原料称为玻璃料，堆积待命。因玻璃料制作器皿名称冗长，工匠简称之为料器，久而久之，约定俗成。

玻璃胎画珐琅比瓷胎画珐琅、铜胎画珐琅烧造的难度都大，因为珐琅料的熔点接近玻璃的熔点。烧造时，温度过高，就会使玻璃胎体变形，即便变形微小，在如此纤巧的鼻烟壶上也是失之千里；温度低了，珐琅彩的饱和度不足，颜色暗淡；在两者之间寻求最佳温度是工匠的绝活。只有宫廷造办处才具有此类绝技，从清宫活计档案来看，当年制作数量极为有限。流传至今，则大幸焉。

珐琅彩在康熙晚期出现，其彩料由欧洲进口，至雍正六年（1728年）后，清宫造办处才能自炼，而且种类超过前代。这使乾隆一朝珐琅彩器登峰造极。珐琅彩分为铜胎、瓷胎、玻璃胎若干种，全部在清宫内廷制造，只供皇帝赏玩。在造办处珐琅作内，所有珐琅器均由宫廷画家亲绘，清档中的记载颇为清晰。例：雍正六年七月十二日，做得玻璃胎烧珐琅“节节双喜”烟壶一件；雍正七年（1729年）四月十七日，传旨：此玻璃瓶甚好，底子不要浑棱砣平，其瓶身上画珐琅绿竹；乾隆元年（1736年）五月十七日，传旨：玻璃器皿上烧软珐琅伺候呈览。奉旨：鼻烟壶上花卉画得甚稀，再画时稠密些；乾隆四年（1739年）三月初三日，首领吴书将呆白玻璃画杏林春燕鼻烟壶一件，画金地三秋图鼻烟壶一件，画金地牡丹花鼻烟壶一件持进交太监毛团呈览。奉旨：将画金地牡丹花鼻烟壶留下，其余二件仍发出刻款。由此可见皇帝对鼻烟壶尤其珐琅彩鼻烟壶的重视。

鼻烟壶的审美取向由宫廷逐渐传入民间。康、雍、乾三帝均嗜鼻烟，显然对其容器要求甚严。宫廷鼻烟壶是根本，它的审美取向是最高的，它在艺术造诣颇高的康、雍、乾三帝的授意下，在中外能工巧匠的努力中，逐渐完善，以取悦皇帝和市场。皇帝屡次用鼻烟壶赏赐就是极好的证明。

另外，鼻烟壶的价值取向也分此时彼时。当朝当代的宫廷鼻烟壶是不计工本的艺术品，没有什么艺术品可以随身携带向别人炫耀，鼻烟壶做到了这一点。清朝人把玩鼻烟壶已成为时尚。西方人看懂并理解了鼻烟壶的艺术世界，各大西方博物馆中均有重要陈列，相关书籍也汗牛充栋。

作为寸小之器的鼻烟壶，它的地位并不因其小而低，相反，集清代工匠之大成、囊括所有物质材料的鼻烟壶，在西方博物馆中能最好地说明清代近300年的兴衰，说明清朝的鼎盛和没落。

◀ 清雍正 玻璃胎画珐琅彩『节节双喜』鼻烟壶 台北『故宫』博物院藏

酒

29. 收藏的分类

老古玩界把收藏分为两大类，并有个既简单又形象的称谓：软片儿，硬片儿。软片儿是指书画以及碑帖古籍，扩大一点还指织绣、地毯等。总之，凡是可以翻阅折叠的这一类古物统称软片儿。硬片儿是指陶瓷、青铜器、玉石、玻璃器以及竹木牙角等杂项，名称还算贴切。至于古旧家具，因为老古玩行是附带卖的，所以软硬片哪头都不算，另立归属。

而我们现在的收藏如果分类，就不能按照以上的办法，原因很简单，软片儿、硬片儿是买卖人行里的事，为的是生意上的方便，而今天的收藏者们已有了专家指明的分类方法。这就是书法、绘画、陶瓷、玉石、金属器、古家具、碑帖、古籍，再细一点还有织绣、地毯、玻璃器、竹木牙角、漆器。这些以外的古玩还有一个通称叫作杂项，虽不好听，但还没能找出另一个词汇可以替代。这样细致的分类，使得收藏专业化、系统化，并容易获得成功。

现代社会的信息量大，传播速度又快，所以收藏一开始限定在较为单纯的领域里容易控制。比如你喜欢书画，可以将书法与绘画分开，专攻一项。假如你选择了绘画，还可将其分为明清、近百年和现代画，明清画还有许多流派和名家，还可以有目标地选择下去。百年的也有许多大家，可供挑选的余地也很大。现代画就甭说了，应有尽有。如果你这些都不中意，非宋、元画不收藏，那我劝你还是断了念想，常去博物馆看看算了。

把收藏较细致地进行分类也是出于财力的考虑，一个人再有钱，毫无目标地瞎买瞎收，恐怕也难以招架。古今中外成气候的大收藏家基本上都在一个领域成就非凡，搞收藏全线出击绝对比不上单刀直入。

介入收藏领域选择单项还有一个好处，就是类别单一，学习起来容易一些，所以进步得快，眼力提高得也快。中国文物浩如烟海，深奥莫测，不顾一切地一头扎进去很容易如堕云里雾里，明白进去，糊涂出来。如果你一开始就小心谨慎，选择单纯，尽管前途山重水复，坚持下去，总有一天会柳暗花明。

◀宋代 刘松年『博古图』 台北『故宫』博物院藏

30. 收藏的角度

角度是指切入点，收藏的角度是指怎样从欲收藏的领域入手。

选择收藏项目一定要自己先有兴趣，喜欢这个领域，当然与工作有关就更好了。实际上，许多收藏家都是这么做的，比如张大千。

如果你对陶瓷有兴趣，5000年文明古国，陶瓷延续不断，你就从仰韶文化陶器收起，一直收到“文化大革命瓷”，历朝历代你都有，不落空，那你就可以开中国陶瓷博物馆了，国内目前还没有呢！这几乎不可能。这不是凭借热情、金钱、眼力就可以办到的事情，重要的是机遇。

所以，收藏前应该先仔细想一想，把幻想去掉，落在实处。中国的陶瓷每个阶段都非常辉煌，只一个小小的阶段就足以让个人倾毕生精力与财力。把自己的收藏范围缩得越小，成功的概率反而越大。比如你只收藏清代瓷器，把目光又只盯住单色釉，获得成功的概率就大得多。收藏某一时期，比如宋朝；收藏某一窑口，比如磁州窑；收藏某一造型，比如瓷枕；收藏某一品种，比如青瓷；收藏某一题材，比如龙凤。这些都是收藏的角度，选择好了就可以入手。

当然，收藏的领域极大，任何人收藏都应该避重就轻。避重是指躲避难处，并不是躲避重要；就轻是指拣选轻松，并不是拣选轻易。具体一点说，目前青花瓷器价位正高，蒸蒸日上，你就躲开去收彩瓷；瓷器收不到，可以收家具；家具收不到，可以收织绣；织绣收不到，可以收玻璃器；玻璃器收不到，可以收漆器……收藏从某种意义上讲，就是拾遗补阙，不必去与可望而不可即的事情“较劲”。

前面的意思是告诉收藏者收藏时应避实击虚，但没有丝毫捡便宜的意思。以最有效的火力攻占一个堡垒，而不是全线出击；一个连可以解决的问题，犯不着全师出动，这是战争取得决定性胜利的基本原则。但有一点必须说明，当堡垒眼瞅着就要攻打下来的时候，兵力损失了不少，如放弃自然前功尽弃，此时全师也必须出动。完成一个像样的收藏计划，必须具备长时间打硬仗的勇气与兵力。这一点绝对是忠告。

▲ 观复博物馆 门窗馆

31. 收藏的乐趣

把收藏的乐趣事先说明，似乎有诓人上套之嫌。一般来说，人类的行为都在追求某种快感，只是这种快乐的感觉因人而异。也许别人感到快乐的事情，你却感到痛苦。你坐过游乐园的翻滚过山车吗?

收藏的乐趣可分为几个层次。首先是购买时的乐趣。一个成年人购置一件不具生存意义物品的机会不是很多，这就是说古玩可买可不买，可油、盐、酱、醋必须买。问题是买这类既不当吃又不当穿的东西，却要花去大笔金钱。一个人再有钱，买这类东西时，也还是有一点痛苦的快感，心痛可又喜欢，非买不可。

然后就是拥有的乐趣。这张是唐伯虎真迹，那个世人皆知的风流才子之作竟然落入自己家。仔细一看，明清两代入宫珍藏，各类印鉴表明身份重要，可现在归你了，想炫耀就给人看看，不想告人就自己秘玩，高兴了还可以在不重要的地方钤上个小印：某某曾藏。这只青花瓶原是官窑，“大清乾隆年制”，六字篆书款，表明原为皇帝拥有，放在紫禁城的某一角落，或许乾隆皇帝曾经把玩过。现在呢，你掏钱就是你的了，拥有的乐趣不言而喻。

当然，还有一个耻于言表的乐趣，就是这样的收藏品有可能升值。这个乐趣极大，坦率地说，是这个乐趣诱惑着绝大多数人，不论今后卖与不卖，升值的乐趣是一种成功的感受。你想一下，除去古玩，还有什么东西买后越搁越值钱?

以上都是常人的乐趣。收藏的乐趣远不只如此。当你迈上一个新台阶时，很可能就会发现收藏还有一个乐趣，那就是当“冤大头”。东西买贵了或买假了，你乐不乐?贵了，你得这样想，你拥有的不仅仅是一张画、一只瓶，而是拥有了历史与艺术，拥有了你原本无法触摸的时间和地位，这样想还贵吗?假了，就应了那句格言——吃一堑长一智。没有人不摔跟头就能学会走路，收藏也是如此，打眼也是乐趣——痛苦的乐趣。

香港著名收藏家徐展堂先生曾撰文曰：“不冤不乐。”境界非比寻常。这是修炼出来的一种极高境界的乐趣，当然也就不要求每个收藏者都拥有这样的乐趣。

▼ 观复博物馆　家具馆

32. 收藏的准备

把有一定价值的东西收好、藏起来是人类私有意识的最初表现。广义上讲，这就算是收藏。而我们今天津津乐道的收藏是将具有历史价值、文化价值的东西聚集起来，据为己有，欣赏或加以研究，当然也不排除收藏品保值或升值的良好愿望。

这几年，收藏风大盛，究其原因，除生活富足之外，怀旧也是重要因素。如果你忽然心血来潮，又有些闲置资金，想加入古玩收藏的行列，你必须做如下准备。

首先，购买一部分你需要的工具参考书。这些书必须是正规出版的正宗货，不是旁门左道。现在有关文物收藏的书籍很多，不像前几年凤毛麟角。所以，你必须自我进行筛选，对照看一下同类书籍的高低优劣，认真比较后找出好书并不难。

其次，你得想方设法找一位老师，收藏仅靠书本上的知识远远不够，实践很重要。如果你的老师眼力不错，具有收藏经验，也肯诲人不倦，你就可以少上当、少赔钱。必须说明的是，你的老师不可以是“马眼”(不是我的眼，这是古玩行对没眼力又自以为是的人的戏称)，否则，死都不知道怎么死的。

再次，古玩收藏切忌过于自信，多听别人的正确意见好处良多。尤其是一些人有了一段收藏经历之后，就飘飘然，忘乎所以。此时最为可怕，刚刚被人扶上战马，感觉好，但技术不好，立刻就想冲锋打仗，不挨枪子才怪呢！小心谨慎并不丢人，丢人的是净买“瞎活”。

最后，你想收藏，就千万别听“故事”。就东西论东西，至于这东西从何而来，与你无关。多动听的故事也不可能把假的变成真的。这些年我见过无数自称宫女或太监后代拿来的“国宝”，听他们杜撰那些可笑的故事。

我以经验之谈提醒收藏者：买书做基础准备；找一位好老师；切忌过于自信；别听动人的“故事”。还有一点需要说明，收藏，尤其古玩收藏在今天是一件耗财、耗时、耗力的事情，望跃跃欲试者三思而后行。

▶ 清乾隆 粉彩描金西洋人物狩猎图高足小盖瓶 观复博物馆藏

33. 收藏的前景

古玩收藏对于大多数人来说，似乎遥不可及。国人常用“价值连城”一词来形容古玩。而过去很长一段时间，拥有文物感觉是国家的事情。

百姓对古玩收藏一直深深地向往,但更多的是敬畏。衣食不足，显然不能涉足此行当，即便腰缠万贯，也必须炼就一双火眼金睛，才能使钱花得不冤枉、不丢人。

古玩收藏给人以愉悦，文化内涵为首要因素。一件历史证物，历经劫难保存至今，在向后人诉说一个真实的过去，而我们一直想要了解的先人生存的哲学，全部都包括在这其中了。这是精神上的诱惑。其次是物质上的炫耀，不论古人今人，个人财富的多寡是人生成功的标志之一。价值连城的文物，在表现财富上恰到好处地不动声色又令人羡慕不已。这是物质上的诱惑。

现在和过去的有钱人都有一怕，怕别人说自己没文化，是个土财主。所以他们要学习，当一时半会儿来不及时，就要附庸风雅，简单的办法是在墙上挂幅老画，在案头摆件古瓷。任何人(包括穷人)都敢鄙视财富，但没人敢鄙视文化。

古玩是唯一可拥有并同时展现文化、展现财富的物体，其社会地位之高是其他物体不可比拟的。这就是古玩收藏受青睐的直接原因。

我们都听过很多有关古玩的故事，有传奇色彩的为多：一个猫盆改变了一个人的一生；一张旧画使人妻离子散，家破人亡。因为古玩太神秘，所包含的容量又太大，古人就常常发出喟叹，宝物聚聚散散。其实，聚为自己收藏，散为别人收藏，人生就是轮回，老子曰："万物并作，吾以观复。"收藏也应如此。

收藏对于每个人都不能算迟，元朝人比宋朝人迟，清朝人比明朝人也迟，但其中都出了收藏大家，富甲一方，名垂青史。现在的人，若有心加入收藏领域，只要具备一定实力，再加上一双慧眼，历史的故事就会在你身上重现。

古玩收藏热是国泰民安的标志。对古玩收藏的前景，我非常乐观。第二次世界大战结束以来，各国的艺术品价格都呈上升趋势，无一例外，这就是硬道理。说这些，绝无蛊惑之意，我们的思维不比前人差，总体实力也不比前人弱，那又有什么理由在此犹犹豫豫呢?

◀宋代 铜鹤形香薰 观复博物馆藏

34. 收藏的情感投资

凡收藏过古玩的人都会有一种拥有的乐趣,哪怕是短暂的拥有。收藏行为很怪，一旦拥有，别无所求，所以就有变卖家产换一件古玩的故事。历史上许多大收藏家为一两件古董不惜倾家荡产，这对于一般人来说，有些不可思议，似乎犯不上这样执着。

收藏里面有一种东西叫作情感。情感是不可替代的。一件古玩，往往在收藏家眼中具有生命，它在诉说着一段历史、一段故事。你不惜重金买下一件梦寐以求的古玩，可能欣喜若狂，这件东西终为自己所有。其实，不是你拥有了它，而是它拥有了你。设想一下，别说一件汉、唐文物，就是明、清文物，甚至民国文物，哪件不比你的年龄大?！人是过客，在古玩面前匆匆走过。它看着一代又一代人在面前消失，记录着拥有者的喜怒哀乐。

这种喜怒哀乐就是情感。拥有一件古玩，发现时的惊讶，购买时的艰辛，拥有时的得意，欣赏时的乐趣，炫耀时的满足，这些都是其他物品不具备的。任何可以生产的现代商品，无论多么豪华，在有钱人眼中也是毫毛。

你拥有最豪华的轿车劳斯莱斯，我也可以订购一辆；你买下一座豪宅，我可以买下两座；可唯独古玩不可代替，张伯驹先生买下展子虔《游春图》，全世界就这么一件，孤本，历经劫难，辗转多少人才落到张先生之手，全世界的博物馆与收藏大家都眼巴巴地盯着这张画，可张先生愣是捐献了，一文不要。东西是买的，但不卖，捐给了故宫，不仅是觉悟，还有情感。

对于收藏行为，不管个人喜欢与否，都会或多或少地涉及情感。多年以前，我曾见一位不识字、以拾废品为生（偶尔卖几件古玩）的老人，抚摸着一件古董，对我说："多好的东西啊，归你了！"那份情感，我至今不忘！可他卖废品时从来不会犹豫，不会这样婆婆妈妈。

无须讳言，许多人的收藏是冲着钱来的，目的是赚钱，只要赚钱就好。但他一旦把手中的古玩卖掉，很难避免怅然若失之感。这与股票期货毫不相同，股票期货赚钱就得，理所当然地心安，大凡在股票期货交易中获利者，大都会乐不可支地离开交易大厅，请客吃饭。而古玩，赚钱的乐趣实在抵不上情感的伤害，很多时候，收藏家给多少钱也不卖心爱之物，就是这个缘故。

▲ 观复博物馆　陶瓷馆

35. 收藏的智力投资

古玩收藏的过程是一个向个人智力挑战的过程。中国古玩浩如烟海，历史跨度又大，加之地域宽广，各民族文化并存，诸多复杂的条件使个人的智力难以应付。每一个收藏者都想通晓自己收藏领域的方方面面，为的是在收藏时不至于误入歧途，吞咽苦果。可事情恰恰常与愿违，一个本来认定没有问题的藏品发生了问题，而且十分残酷。因此，许多收藏者“一朝被蛇咬，十年怕井绳”。

望而却步是收藏者初犯错误时的一般心态。其实，这是一个进步。没有一个婴儿天生怕水，但当他被水呛着的时候，开始怕了，结果不外乎两种：学会游泳，或终生不会游泳。我们对古玩的真伪或断代发生错误，是学习的开端。以陶瓷为例，从新石器时代的陶器起，历商、周、春秋、战国、秦、汉、三国、两晋、南北朝、隋、唐、五代十国、宋、辽、金、元、明、清，近万年的历史，中国陶瓷才从单一灰陶演变成精美绝伦的瓷器，这是中华民族祖先智慧的结晶。认知它，的确需要耐心、聪慧和不懈的努力。不要设想自己是一个先知先觉的智者，也不要望洋兴叹，知识的海洋中一定有舟，驾舟遨游不仅需要胆量，还需要智慧。

任何古玩的存在一定会有它的道理，对于收藏者，应该找出这个隐藏的道理，解释成因。这是收藏的诱惑之一，拥有它而不了解它，兴趣会丧失大半；了解它后再拥有它，其心情不言而喻。古玩收藏，对藏品的判断十分重要，首先是真伪，这是前提，这条如果发生错误，后果不堪设想。真伪问题不是一两句话就可以说清的，需要认真学习，还需要真刀真枪地实践。应该说，这一条没有捷径。其次是断代，一件文物的真伪解决之后，断代就十分重要。许多古玩在历史上多次被人追摩或仿制，找出正本，这依靠眼力和学习。

古玩收藏的魅力就在于财富与知识同时积累。了解自己的藏品，增加文物知识，由不知到知之，是智力投资的漫长过程。什么都不懂，任何国宝在你眼前，即使价钱再低，你也会无动于衷，这方面很多人有着不堪回首的惨痛教训。只有当你拥有了一定的文物知识，又有了一定的眼力，机遇才可能向你靠拢。如果幸运，捡一大漏儿不再是别人的天方夜谭式的传奇故事。

▲ 厦门观复博物馆　家具展厅

36. 收藏的身份投资

一个人的身份在当今社会活动中显得颇为重要，很多事情的成功与失败不时与身份直接有关。一个有能力的人实际上在创造和积累个人在社会中的地位，这个地位就是身份。

身份的高低直接与财富有关，身份高的人一定具有超出常人的财富，这种财富包括精神与物质两个方面。精神财富，除去个人拥有的，还要有文化的表现；而物质财富就广泛了，资金、动产与不动产都属此类。

同时兼有精神财富与物质财富的东西首推文物。一件具有收藏意义的文物一定同时具有上述两个方面：精神财富上，除去满足个人拥有的欲望外，更多的是认知历史，拥有历史的乐趣与满足；物质财富上，文物是唯一价格高昂而又不易确定的“商品”，一件古瓷，一二十万元是它，50万元、100万元也是它，旁人听着只有瞠目结舌之份，甚至都无法对其做出一个大概的判断。

收藏古玩，对一个人的身份高低举足轻重。在欧洲，贵族们一定拥有大量藏品，对于家族的历史来说，没有什么比古玩更具说服力。富翁与贵族是有区别的，一代可以成为富翁，三代才能成为贵族。在文化与财富同时积累的过程中，古玩是最好的选择。

因为古玩中蕴藏着大量的知识，使后来者试图破译并乐此不疲；又因为古玩浓缩了财富，使拥有者孜孜追求而感到自豪。一个有身份的人无法炫耀自己的财富，但可以炫耀自己的文化。把价值连城的收藏品端出来给别人看，炫耀文化的同时，也不动声色地炫耀了财富，岂不一箭双雕？

收藏的好处有很多，明显的好处大家都清楚，而在身份问题上，常常被收藏者自己忽视。其实这也是一种投资行为。作为身份的投资，需要持之以恒，它不像其他方面那么容易显现成果。当你把收藏品展示出来，看到别人肃然起敬的目光时，你就会知道选择收藏，不会有错。

▲ 清乾隆　景泰蓝开光博古纹鼻烟壶　观复博物馆藏

37. 收藏的金钱投资

对于大多数人，收藏的主要动机一定是藏品增值。无论收藏者将来卖与不卖，增值是衡量收藏成功与否的通俗标尺。从某种意义上讲，这个标尺简单明了，而且无法替代。第二次世界大战结束以后，随着全球经济的发展，世界各国艺术品的价格无一例外地都呈上升趋势，虽然有些领域有过短暂的低谷，但艺术品总体增值现象显而易见，并没有其他投资行为常见的风险。

值得注意的是，各国艺术品的增值曲线往往与该国或能够接受该国文化的地区经济增长曲线相吻合，这表明了人们在经济增长的同时对文化的渴求。尤其在经济增长进入了发达国家行列后，艺术品的价格会立刻扶摇直上，平均增长速度大大超过经济的平均增长速度。这已成为一个规律，这个规律表明了人类认知自己、认知世界的自觉，表明了尊重历史、尊重文化的自觉，表明了聚集财富、聚集知识的自觉。这种自我觉醒是收藏蕴藏的复杂、丰厚的内涵在社会的集中体现。

落实到具体的收藏行为，买一件什么样的藏品才能够名利双收呢？我们了解一件藏品首先要知道它的历史地位。比如一件瓷器摆在你面前，你应该知道它的产地及窑口；知道这类瓷器的起源及演变；知道它的艺术性；还要知道同类的瓷器存世的多寡，诸多要素缺一不可。因为你若要向人展示，就要知道这些；等待它升值，仍需知道这些。这些要素对你做出收藏与否的正确判断不可或缺。这就是人们常说的"独具慧眼"。

如果仅出于单一投资的经济目的而涉足收藏，也必须了解相关的知识。当金钱作为投资资本，而不是消费资本时，获利是成功的唯一标志。获利需要正确的操作，而知识是一把钥匙，它会打开通往成功之路的大门。投资收藏切忌从众追风，切忌赌博贪婪，它对人们智慧进行考验的同时，也对毅力进行着考验。许多聪明人过关斩将，最终落马，就是犯了上述错误。人性的弱点，在古玩收藏领域常常会暴露无遗。

当今社会中,唯一可能增值而又不能再生产的商品只有文物了，我们这里所说的文物是指可供公私收藏的古玩，长城和故宫不算在内。请注意，我说的是可能增值，并不是肯定增值。其实，对于整个经济社会，这已经十分重要了，因为过去的许多时候，这个可能已成为现实。

▼ 上海观复博物馆　金器馆

38. 高古陶瓷的收藏

若到古玩市场寻宝，店家发现你喜欢陶瓷，马上会问："您找老窑还是明清瓷？"所谓"老窑"就是指高古陶瓷，是古玩界对元朝以前的陶瓷一个总的称谓。具体所指是从新石器时代各类文化的陶器起，至元代除景德镇所烧青花、釉里红等少量品种外的一切意趣高古的瓷器。

认识老窑，重在高古。高是品味，古是年代，二者缺一不可。中国的陶瓷，自诞生之日起从未间断，你若收藏，就必须熟谙其历史，对各个历史时期的代表作品有所了解，才可能收藏到那个时期最好的作品。一味地求古不一定正确，一个仰韶文化的破瓦罐没有元朝磁州窑大盆更具收藏价值。汉代的灰陶随时可见，若收藏一定要看它是不是同时期的精品，太一般了就可以放弃。当然，价格十分便宜做个摆设则另当别论。

我们对高古陶瓷应该树立这样的概念：陶器应以纹饰优美的彩陶和造型生动的陶塑为上，瓷器应以同时期的代表作为上。在市场或早市上，偶尔可以看到汉代的陶塑，如造型不错，保存完整，你就可以考虑买下；而瓷器，两晋的青瓷，唐代的邢窑、长沙窑，宋代的钧窑、定窑、磁州窑，只要你认为不错，可以反映这一时期、这一品种的成就，就可以放心大胆地解囊。

西方人很喜欢中国的高古陶瓷。曾经汉绿釉、唐白瓷、唐三彩、宋黑釉都在某个时期被青睐。后来有些品种（比如汉绿釉）出土量剧增，导致价格下滑；有些品种（比如宋黑釉线条罐）作伪成风，使得买家不敢下手。这些情况都会出现，但真正的精品会一直保持很好的价格，这就是收藏家为何不惜重金去争一件绝品的缘由所在。

若收藏高古陶瓷，可以自己寻求一个系列，哪怕是古陶瓷生产中的小小一支。比如，你对白瓷感兴趣，欲刻意追求，就应该知道北齐已有很成熟的白瓷；后来的隋朝也有；唐朝就不用说了，有大名鼎鼎的邢窑；宋朝的定窑以及定窑系的白瓷历来受欢迎；还有元朝的枢府釉。如果这些你都收全了，就可以办个小小的展览——老窑白瓷展，没人敢说你的收藏跌份，谁说跌份谁就是外行。

当然，最后还得补充一句，近些年，老窑造假层出不穷，手法翻新，藏家谨慎小心才好。

▶ 东汉 彩绘云气纹陶壶 日本美秀（MIHO）博物馆藏

39. 秦汉陶瓷的收藏

公元前221年，秦王嬴政完成了统一大业，确立了君主制国家，自称始皇帝。以此为界，中国进入了君主制的封建社会。秦王朝刑罚严酷，赋税繁重，兵徭过度，导致秦朝只存在15年，故在秦兵马俑没发掘之前，专业书对秦陶阙如不谈。20世纪70年代以后，偶然的发现使秦兵马俑成为轰动世界的考古新发现，中国陶瓷史在秦朝增加了重要章节,对这一时期辉煌的艺术成就大书特书。的确，这一时期的陶塑前无古人，后无来者。

首先是体积庞大，无论人马都与真实所在无异，甚至尺寸更大一些；陶质致密，叩之声脆；动作神态生动，表明了秦朝高超的烧造工艺。毋庸置疑，这部分秦兵马俑均为国家所有，市场上所见必赝无疑，不必存有侥幸心理。

两汉共400多年，尤其西汉，生产力以奴隶社会不可能出现的高速发展，陶瓷的普及，使大量器物的生产非常平民化。奴隶社会贵族所用青铜器的造型，如鼎、壶、奁等，已大量用陶土烧造，从出土的实物来看，以陶代铜在汉朝民间相当普遍。汉代陶器可分为陶塑和器皿两类，前者以人和动物为主，兼有建筑等，后者则以生活用具为主。

由于殉葬制度的变革，汉代陪葬品数量极大。河南开封出土的灰陶人物造型准确，男女性别清晰，面部表情十分个性化；而四川大量出土的红陶人物俑，说拉弹唱，歌舞杂耍，极充分地反映了汉朝人的丰衣足食。汉陶塑中与百姓生活相关的家畜十分常见，比例适中，造型准确。除四川一带有与真马、真狗等身的陶塑，其他地方一般陶塑都明显小于秦俑，最大者也不会超过体高的1/2，且艺术化倾向明显。

汉陶中有釉陶与素陶之分，素陶又分为灰陶和红陶，还有大量加彩的；釉陶有绿釉和黄釉两种，属低温铅釉，品种本身没有高下，优劣取决于造型。对于陶塑，比例、神态都是收藏的要素，而器物则看它的纹饰和造型。汉朝还可见原始青瓷，釉面一般不匀、粗糙，但还是有绝美之器，这就要看个人的审美了。

收藏秦汉陶瓷，主要是汉朝，应注意品味，比如汉壶，存世量大，但带有狩猎纹的就十分值得收藏，至于人物、动物，传神当然是第一要求，只是要留神与画册中一模一样者，因为作伪者也备有同样的画册。

◀ 汉代 灰陶犬

40. 魏晋陶瓷的收藏

东汉晚期中国再次进入分裂局面，在这以后长达近四个世纪中，除西晋有过短暂的统一外，国家长期处于分裂对峙局面。北方的广大地区，尤其黄河流域战事频繁，经济停滞，迫使北方相当数量的人口南迁，寻求安身之地。江南相对稳定的生存环境，使制瓷业在南方各省得以发展。

首先是越窑。越窑最早的文字记载出现在唐代陆羽的《茶经》中。今浙江的上虞、余姚、绍兴等地，原为古越国之地，著名的美女西施就是越国人。早在东汉，越窑青瓷就以原始状态出现，历经三国、两晋、南北朝，逐渐成熟。早期越窑的窑址，遍布今天的浙江省，窑厂虽众多，但体系统一，风格统一，显露出陶瓷作为早期商品的特性。这时的越窑青瓷胎体呈灰色，坚硬致密，施釉厚而均匀，器型丰富实用，装饰手法翻新。除生活所用的壶、盘、盆、洗、盒、灯、唾盂、虎子等，明器中还大量出现谷仓、猪栏、狗圈诸多与生活息息相关的事物。这一点保留了汉代遗风，反映了农耕民族生活的特征。

魏晋时期的陶瓷无疑越窑占了绝大部分市场，其他地区的青瓷与之无法相比，只有德清窑的黑釉瓷器虽与越窑比邻，但一枝独秀，占有一席之地。这种黑釉瓷器过去往往不受收藏者重视，这非常不应该，因为德清窑烧造年代不长，只存在了100多年，收藏一件完整优美的黑釉器并非易事。

掌握这一时期陶瓷器型的演变对收藏者十分有益。一般说来，以三国、两晋、南北朝顺序排列，器型普遍由矮胖变得高瘦，这种变化虽缓慢，但仍清晰可见。以罐为例，三国时期的矮罐到了北朝，重心明显上移，进入隋朝后都给人重心不稳之感。再有就是虎子，早期卧兽的形象逐渐演变成实用的器皿，装饰减少，情趣减少，只剩下功能了。南北朝由于佛教盛行，青瓷中带有莲花装饰的器物大量出现。抓住造型变化，对判断这400余年复杂的朝代更迭十分有用。

比如鸡头壶，从无流到有流，从无柄到有柄，适者生存的法则在中国陶瓷发展史上也没见例外。只是这一时期国家政局复杂，三国的魏、蜀、吴，南朝的宋、齐、梁、陈，北朝的北魏、东魏、西魏、北齐、北周，让一般收藏者记住并做出区分是十分头疼的事情。

▲ 东晋　青釉鸡头壶　南京博物院藏

41. 隋唐陶瓷的收藏

天下大势，分久必合。隋朝统一了分裂几百年的中国，拉开了又一个辉煌时期的序幕。之后的唐朝，繁荣昌盛，继西汉之后，第二次展现了封建王朝强大的生命力,并使社会生产力得以高速发展。

隋朝国祚时间短促，因其在北朝基础上统一的中国，故隋代陶瓷明显带有北朝文化的色彩，如青釉莲瓣罐、印花四系罐等，都遗留了北朝宗教的色彩。另外，造型上也或多或少地保留了两晋以来的造型，只是有所变化，不细心体会往往觉察不到。隋代陶瓷生产，发生了由南向北发展的重大变化，使南方陶瓷长时间一统天下的局面得以改变。隋代青釉仍是主流，但开始大量出现了古人梦寐以求的白瓷，这就为唐代的邢窑打下了坚实的基础。

大唐300年，中国陶瓷业发展迅猛，形成“南青北白”的局面。以越窑为代表的青瓷系占领着长江以南，而邢窑在长江以北大出风头。这一时期的白瓷，白度极高，叩之声越，甚至可以用来演奏音乐，可见烧造质量之好。

唐代还发明了釉下彩瓷——铜官窑，也称长沙窑，以一种民间质朴的文化，展现于陶瓷之上，或绘花鸟，或书诗歌，改变了青瓷的单一色彩，以更多的文化内涵冲击市场，在唐代陶瓷中独树一帜。

最引人注目的是唐三彩。唐三彩属于釉陶，色彩艳丽，造型多样，以人物俑、动物俑、神兽为最高创作成就。由于唐朝盛行厚葬，唐三彩作为明器完全为适应厚葬之风，一些文武官俑、镇墓兽，以及骆驼和马，尺寸惊人，神态夸张。唐三彩中的人物和动物，常常表现出动态，也符合大唐张扬的精神。

收藏隋唐陶瓷，知道以上几点就可以理顺并找出其精髓，例如隋青瓷中的长颈盘口壶、唐白瓷中的邢窑盏；至于唐三彩，那些左勾头、右抬蹄、身披璎珞鞍鞯的五花大马，精美程度不可言喻，是国人可以向世界骄傲的谈资，当然值得收藏。

◀ 隋代　青釉象首流净瓶　观复博物馆藏

42. 辽代陶瓷的收藏

辽国是在部落联盟基础上建立的国家，初建于公元916年，947年改契丹称辽。那时，北宋尚未建立，五代十国的分裂局面给了辽国生息的机会。契丹族是古代北方民族鲜卑族的后裔，骁勇善战，建辽国以后先后与五代和北宋并立，共存在了302年。

契丹是游牧民族，随着辽国的政治稳定，他们由畜牧、渔猎为主的生存方式逐渐转向定居生活，这时，陶瓷等手工业随之发展起来。由于民族特性，大部分辽瓷不可避免地带有游牧民族的色彩，最有名的是皮囊壶，也称鸡冠壶，是陶工模仿契丹族传统使用的各类皮囊容器烧造的，其精美者摹制针脚传神毕现。另有鸡腿瓶，上粗下细，重心在上部，身上常设有瓦沟纹，完全是为了马上携带，插上皮套后不至于打滑脱落。

辽瓷色彩较为纯粹，绿、黄、黑、白为主要颜色，尤其绿、黄两色，受唐三彩影响较大，最著名的有摩羯壶，龙首鱼身，很是新奇。辽白瓷的成就也很高，不像以前学者认为的辽瓷工艺落后，首先是瓷化程度高，叩之声脆；其次白度也高，许多辽白瓷与北宋定窑之白可以媲美。辽瓷成分也较复杂，有胎体松脆者，也有胎体坚硬者；有装饰华美者，也有朴素无华者，但总体说来，辽瓷的民族特征极强。

辽瓷造型也很复杂，与同时期的北宋陶瓷相比，仿金属器、仿皮制品的作品为多。北宋陶瓷中仿金属器的作品一般为青铜造型，如钧窑出戟尊等，而辽瓷中仿金属器造型多为长颈瓶、凤首瓶、穿带壶等薄皮锤打出的作品，盘碗也全是海棠造型等金属原型模样。这是由于游牧民族早先使用的器皿必须随身携带并不易打碎之故，一旦定居之后，仍沿袭旧的传统与制式。

辽瓷工艺明显不如北宋，修胎和施釉随意性很大，尤其是绿、黄釉作品，胎体较疏松，吸水率较高，釉与胎结合也不甚紧密，常有剥釉现象，辽瓷中流釉现象与宋瓷相比退后几百年，从主观上也不讲究施釉完整不流，乍一看，工艺随意性大。

辽瓷近些年发现许多新品种，辽绿、辽黄、辽白，许多品种过去不多见，很值得收藏。正因为如此，作伪者趋之若鹜，其手段之高明使专家也频频“中招”，而对一般收藏者，“冷静”二字则显得十分重要。

▶辽代 绿釉鸡冠壶 观复博物馆藏

43. 宋朝陶瓷的收藏

宋代提倡儒学，统治者标榜与士大夫共治天下，以求长治久安。宋代国策采取守势，对北方的辽金等国长时间地形成对峙局面，互不侵犯，以井水不犯河水的心态求得国家和平。在这种局面下，宋代的经济得以快速发展。

宋代的陶瓷艺术是陶瓷史的第一个高峰，以汝、官、哥、钧、定五大名窑名噪一时并称雄了近千年，使陶瓷生产从实用化向艺术化转化大大地迈进了一步。陶瓷真正作为最高档艺术品从宋朝开始。汝、官、哥、钧、定中，只有定窑属白瓷，其他均属青瓷系。与早期青瓷不同，除哥窑窑址不明外，其余都是北方青瓷。

大名鼎鼎的汝窑，以前所未有的莹润称冠宫廷，为后来的收藏家终生垂涎；官窑的沉静，以单纯表现复杂，超前的审美意识令今人咂舌；哥窑的金丝铁线，把缺陷美推至极处，文人高人一筹的审美意识得以具体体现；钧窑色彩变幻多样，以铜为呈色剂的红色第一次出现在瓷器上，则是划时代的贡献；定窑的刻、划、印种种手段，都在纯白色上做出绝妙文章。宋代尚玉，所以宫廷用瓷，都以颜色为表现手段，追求玉的质感，表现出高尚不俗的审美情趣。

而民间则追求纹饰，更多地表现世间的喜怒哀乐。最著名的是磁州窑系的陶瓷。绘小桥流水，花鸟鱼虫；书民间俗语，处世哲学；宋朝人练就了一身忍让、宽容、豁达的情怀，画几笔花草，书一首宋词，清沽美酒，花前月下，知足常乐。

宋代陶瓷生产飞跃除去工艺优良之外，更重要的是品种剧增，这就给了收藏者一个机会。前面所说汝、官、哥、钧、定五大名窑，对于一般的收藏者来说，属于可望而不可即之列。尤其是前三位，理论上讲应该放弃得手的想法。后二位钧、定两窑，钧窑近些年大量发现，而且一反过去的认识——钧窑只产于河南，先后在山西、河北甚至辽宁都有不同种的钧窑出现，年代大都也稍晚至金、元。至于定窑，当时生产的范围就较大，除曲阳最精美者外，其他定窑系产品——粉定、土定，还有紫定在市场上常可以碰到。另外，北方的耀州窑，南方景德镇窑的青白瓷，龙泉的青瓷，建阳的黑釉，各具特色，均有佳品。

这对于收藏者是个福音，在庞大的宋代陶瓷品种面前，反倒多了去粗取精、去伪存真的机会。

◀ 宋代 哥窑胆瓶 观复博物馆藏

44. 金代陶瓷的收藏

公元1115年，北方另一个民族女真族称帝建元，史称金。当时，北宋与辽接近享国尾声，气数已尽，十几年之内，辽与北宋相继灭亡。金国迅速以奴隶主政权转化为封建政权，在100多年的时间里，与南宋分庭抗礼，以井水不犯河水的心态，“相安无事”。这样，南宋都城南迁至临安（今杭州），北方广大地区就成为金人的天下。

过去由于历史文献对金代陶瓷的记载很少，加之金代陶瓷的地位被同时期的宋瓷淹没，所以没人研究收藏金代陶瓷，使金代陶瓷在很长一段时期内成为空白。在没有理论的支持下，金瓷似乎也没了踪影，早期的陶瓷专著都顺理成章地把金瓷模糊地归为宋、元之物。

实际上，金代陶瓷在长达120年的时间里，还是真切的一种存在，并形成鲜明的地域风格，北方游牧民族的审美烙印自然而然地表现在金人控制的领土范围之内。

金代最主要的陶瓷成就大都是磁州窑系的产品，原因是磁州窑粗犷率意的风格最能适应金人的审美。金人入主中原之后，多年遭受战争破坏的产瓷基地——河北、河南、山西等地得以恢复，出现了不少精品，例如虎形秋雁枕。金人祖先也是游牧民族，少不了与猛兽飞禽打交道，将生活内容再现，此枕非常典型。虎趴卧，雁欲飞，都恰到好处地反映出金人的心态。此时的磁州窑作品明显地摆脱了纤细，变得粗犷，大枝大叶，生活气息浓重。

需要说明的是，金代陶瓷近些年在山西发现最多，其中以碗、罐等日用器皿，枕等随葬用品常见，以黑釉作品为主，这与过去陶瓷制造史的一般观点有悖。河南、河北地区为何赶不上山西地区的生产？究其原因，不外乎山西历史上所受战争创伤较少，而中原广大地区饱受宋、金战争之害，生产力遭受破坏之故。

金代的其他窑口，如定窑，其白度不如北宋，其纹饰也略逊一筹；如钧窑，色彩由斑斓变成单一，仅剩下灰蓝一色，间有暗淡不亮的紫红，丧失了钧窑原有的审美原则；如耀州窑，色泽由油绿变得姜黄，釉面逐渐稀薄，纹饰显得无力。

总的来说，金瓷明显逊色于宋瓷，走下坡路在所难免。但在收藏者的眼中，仍可能在繁杂的历史遗存中挑选出有特色者，这就取决于个人的眼光了。

▲ 金代　磁州窑白地黑花虎枕　观复博物馆藏

45. 元代陶瓷的收藏

公元1206年，成吉思汗以超人的胆略和气魄建立了蒙古国，并开始扩张，1227年灭西夏，1234年灭金，1246年招降吐蕃，1253年灭大理；1271年，忽必烈改国号元，1279年灭南宋，至此，元朝成为我国历史上规模空前的统一大帝国。

由于蒙古族当时的生活方式落后于汉族广大地区，元朝初始，中国的经济与文化发生了一时逆转，但手工业受到政府的重视，尤其是有一定技能的工匠，其地位可以世袭，这在客观上对陶瓷业的发展起了促进作用。元朝结束了南宋、金、西夏三方分裂的局面，刺激了经济的需求，因此，陶瓷生产业以景德镇为首，突飞猛进，迅速发展起来。

元代最著名的白釉——枢府釉，曾在很长一段时间内大名鼎鼎。枢府釉作为官方的御用瓷器反映了元代的时尚，以白为吉。蒙古族人至今崇尚白色，古书记载，元朝曾烧制过白色的琉璃瓦。枢府釉是一种卵白釉，色浊釉肥，早期的枢府釉略闪青色，后期的就更白一些。由于枢府釉较厚，致使许多有纹饰的器皿纹饰显现不清，形成一种朦胧之美。枢府釉对陶瓷的贡献主要是打下了青花瓷的基础。注意一下元青花和釉色，就可以明显发现其稠厚与枢府釉非常接近。枢府釉摆脱了宋影青的透明亮丽，使景德镇的瓷器生产跨了一大步，把透明改造成乳浊，为青花的出现提供了坚实的基础。

元代的陶瓷在陶瓷史上占有重要地位。景德镇窑的青花，釉里红自不必说，红釉、蓝釉也都是元代始创。近年来还发现元五彩，十分绚丽，观之过目不忘。这些有目的的色彩追求，结束了宋代以来制瓷业尚玉的局面。元政府重视贸易，尤其是西域贸易发达，所以，以景德镇为主的青花作品装饰繁缛富贵，深受国内外市场的欢迎。

在陶瓷装饰上，元代以前的装饰手法以刻、划、贴、印等手段为主。自元青花出现以后，这些技法退居次要地位，主要是绘画手法，使得中国陶瓷以绘为主成为主流，随后进入宫廷。而宋人认为绘瓷是很俗的一件事，不得进入御用瓷的领域。

元代国祚不足百年，但仍留下大量具有时代特点的作品。若想收藏元代陶瓷，去粗取精十分重要，但也不要仅仅盯住元青花。

◀元代　青白釉月梅纹罐　观复博物馆藏

46. 明清陶瓷的收藏

比起高古陶瓷，明清陶瓷给人的直观感受是漂亮，尤其是清代康熙、雍正、乾隆三朝的陶瓷，其绚丽多彩前无古人，后无来者。这一时期，景德镇陶瓷在工艺上达到的成就，至今仍无法企及。加之明清两代陶瓷存世量大，喜好收藏这个时期陶瓷的人远远多于高古陶瓷的收藏者。

明清陶瓷给人以强烈印象的首先是官窑。明清两代的皇帝，大部分都有署上明确款识的官窑器存世，例如：大明宣德年制，大清乾隆年制。这类署款的官窑，在国际市场上屡屡创下拍卖佳绩。对于一般老百姓，一个杯、一只碗卖得上千万元，听起来犹如天方夜谭，谁都恨不得在家中也翻出这样的宝贝来，于是，明清官窑在收藏者眼中成了抢手货。

各地的古玩市场冒出了一批又一批寻宝淘金的人，“有官窑吗”快成问候语了。这其实已走入了一个误区，官窑中也有不值钱者，而民窑作品中却不乏精品，价值不菲。

较之官窑，民窑少有束缚，思想解放，充满生活气息，这类带有绘画的陶瓷作品，很大程度上反映了当时社会的面貌。从文物意义上讲，这一点尤为重要。对于收藏者，不可忽视这些，并完全可以从中寻找出一个领域，哪怕是一个小小的分支。比如，你喜欢鸟兽，就可以专门收集绘有动物图案的瓷器；要是喜欢山水就收集山水纹饰的。当然，这种企图不可外泄，否则，让商人知道定会向你索取高价。

明清陶瓷由于制瓷工业的发达，品种极多，但大致可以分为青花、彩瓷、颜色釉几大类。青花为最大宗，自元以来成为中国陶瓷的主流，彩瓷又分五彩、粉彩、斗彩、素三彩、釉下三彩，还有青花、釉里红等，颜色釉有单色和复色之分，这些简单的分类，收藏者应做到心里有数。

▶清嘉庆　粉彩包袱纹瓶　观复博物馆藏

47. 民国陶瓷的收藏

1911年的辛亥革命，宣告了大清帝国的终结。进入民国时期，景德镇在陶瓷生产上发生了很大的变化。首先是解放思想，摆脱了封建王朝的桎梏，长达200多年的清王朝的传统制式与品种，在这一时期受到冲击。这时，虽然复古情绪左右着清朝的遗老遗少，但另一方面，新的思维与审美在陶瓷之都景德镇大出风头，出现了以珠山八友为首的，具有新特点的民国瓷器。

珠山八友以王大凡、王步、程意亭、徐仲南、汪野亭、邓碧珊、田鹤仙、王琦、刘雨岑等十数人为主要力量，形成了挥洒自如，不拘一格的绘画风格。珠山八友并不限于八人，是世人对这种制瓷风格的统称。由于珠山八友强调绘画性，这一时期的瓷板骤增，有置于案头的大小不一的插屏，有悬挂于墙壁上的挂屏，还有嵌于家具上的瓷板,装饰性大大超过了实用性。珠山八友最主要的艺术成就，是摆脱了晚清日益衰落的陶瓷生产程式，以崭新的绘画面貌冲击市场。

与此同时，追求复古的一部分清朝人，拼命地想把民国带有工业化特点的陶瓷送回清朝，打“大清光绪年制”的印记，他们认为宣统是亡国之君，因而怀念晚清当政最久的光绪，所以出现了大量民国特点十足却又署有“大清光绪年制”款识的瓷器。

20世纪二三十年代，古玩业发达，又使商人对先祖的东西垂涎。所以，民国瓷器中又有相当多的作伪瓷器。明以仿永宣、成化、嘉万时期为多，清则以康、雍、乾为主，青花、五彩、斗彩、粉彩、颜色釉等，都在商人的追逐之下。景德镇这一时期的仿古赝品，无一不带民国时期质硬、色白、体轻、声脆的特点。今天看来，水平较低，极易辨识。

收藏民国瓷器，应以标新立异的珠山八友风格为主，前几年已有研究成果问世，导致这部分瓷器价格开始上涨。而那些不清不民的，写有寄托款的作品，如收藏也属下策。至于民国的仿品，精品自不必说，劣质仿品则可以作为教材，这也算是一种实用收藏。

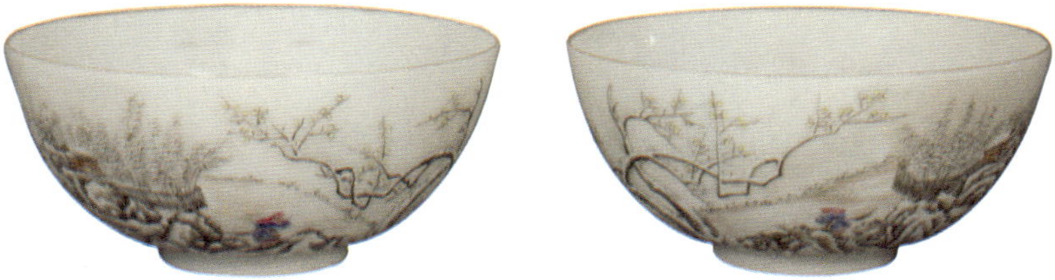

▲ 民国 珐琅彩踏雪寻梅图碗（对） 观复博物馆藏

48. 高古玉器的收藏

中国古人很早以前就有“君子无故，玉不去身”之说，这多少带有一点收藏的含义。玉器制作是国人独有的一门艺术，数千年来一直延续不断，历朝历代都赋予了玉器一定的品格。古人认为玉有五德：仁、义、智、勇、洁。明显可见其社会内涵，从这一点上足见古人对玉的重视。

高古玉器是指先秦以前的玉器。以前的古玩行常把“三代玉”挂在嘴边，三代即商、西周、春秋战国。这一时期，被认为是中国古代玉器制作的第一个高峰，后人难以企及。

而近几十年的发掘，把中国古玉的高峰无可争议地提早了，这就是新石器时期的玉器。最著名的有红山文化、龙山文化、良渚文化等。这些新石器时期代表文化出现的玉器，令今人惊叹不已，简直难以想象。

红山文化距今约5500年，最早在赤峰红山被发现，以动物神兽为主，不见礼器，最有代表性的是玉龙、玉鹰、玉龟等。

龙山文化距今约4500年，以工具为式样的玉器明显增多，如玉斧、玉锛、玉刀等，反映了当时的生产力的发达。

良渚文化则是南方玉器文化，距今约5300年，以礼器为最高成就，其中玉琮的尺寸之巨、工艺之绝，令人叹为观止。

进入商代，代表性的是殷墟玉器，制玉工艺的复杂程度、玉器品种的多种多样，令人难以置信，礼器、武器、工具、用具、装饰品、艺术品无所不包。这一时期的玉兽成就非凡，生动、夸张、富于想象。西周玉器，夹在商与春秋之间，是一个痛苦的转变时期。

东周分为春秋和战国。这500多年的时间，中国玉工的制玉水平达到新的高峰。玉器的用途已十分明确，如礼器、仪仗用器、生活用具、兵器、装饰品以及葬玉等。这个时期的玉器玉质优良、种类繁多、穷极工巧，历来受收藏家青睐。

高古玉器在新石器时期、殷墟时期、春秋战国时期形成三次高峰，其收藏对于初学乍练者来说较为复杂。近年来，高古玉器在市场上频频出现，真假参半，一两句话难以说清。

在这里劝对玉持有好感的收藏者一句，收藏玉器应该保持玉一样的品德和心境，不可焦躁。

▲ 商代 玉卧猪佩 观复博物馆藏

49. 汉唐玉器的收藏

秦朝结束了战国分裂的局面，可惜江山没坐多久就被汉朝取代。汉朝持续了400多年，此时的玉器制作是玉器史上的第四次高峰。汉代玉器，西汉最精，礼器中除璧、圭之外，其他几乎不见。圭也极少，只以璧为大宗。汉代的玉璧，装饰手法多样，除传统的谷纹、蒲纹、涡纹外，两种结合者亦有之，龙纹、凤纹也非常多。还有出廓玉璧，形制特殊，工艺难度明显增大。

汉代人认为玉能使人不朽，故葬玉发达。玉琀是放入死者口中之玉，呈蝉状，象征品德。玉握置于死者手中，呈猪状，象征财富。至于玉覆面、金缕玉衣等，则是为了显示死者的身份与奢华的追求。

汉代的生活用玉品种繁多，玉带钩、玉杯、玉印章等，反映了汉朝人生活的富足。装饰用玉是汉玉的大宗，主要是玉佩。古人以佩玉表示身份，汉初组佩流行，式样之美观，组合之复杂，前所未有。另外，玉剑饰风行，以剑首、剑格、剑璏、剑珌四件为一组，有螭虎纹者为上品。汉代的玉圆雕艺术品不多见，如遇见一定生动，收藏者不可错过良机。东汉以后，玉器生产总体不如西汉，少有创新。

三国、两晋、南北朝时中国处于分裂状态，玉器生产明显停滞不前，但六朝玉器偶有精品出现，尤其是玉辟邪，体态夸张，动感十足，凶猛无比。参见南京六朝石兽，与当时玉器同出一辙。这类玉辟邪的艺术成就不可忽视。

隋与秦相似，灭陈后统一中国，但好景也不长，被唐取代。大唐近300年，经济发达，百姓生活富足，艺术品也辉煌一时。虽然玉器在唐代艺术品排行中靠后，但仍有精绝之作，如飞天、玉带板和各式玉杯等，也反映唐代在玉器制作上的成就。

由汉历经三国、两晋、南北朝，再度进入隋唐统一的局面，中国的玉器生产与国家的政治和经济轨迹基本吻合，可见文物鉴定大背景的重要性。若要进入文物收藏领域，了解中国的政治史甚至比艺术史还重要，这是题外话。

◀ 西汉　青玉坐熊　观复博物馆藏

50. 宋元玉器的收藏

宋朝人对文物的收藏与研究做出过重要贡献，对古代玉器的有意识收藏和研究就是由宋朝开始的。当时由于皇帝的推崇，宋代曾有大量仿古玉器出现。今人经过长时间的研究，已经可以较容易地将其区分出来。

宋代理学发达，玉器制作都属“小家碧玉”型的。一些玉花卉片、三花鸟片，精巧有致，但气魄不足。仿古造型的板沿杯、青铜造型的玉器都有工巧之作。一些文房用具，如玉笔架山也稍显粗糙。宋代玉器中最为精绝者当属玉兽，如玉鹿、玉骆驼、玉鸟、玉羊等。这些玉兽都以写实为本，强调传神和比例。这在很长一段时间里被收藏家和研究者忽略，故许多宋代玉兽一直被误归为明代，至今还没有很明确的标准将其准确地剥离出来。这就给了今天的收藏者一个极好的机会。

辽代和金代出现了带有少数民族风格的玉器精品，最为突出的是辽、金的春水玉和秋山玉。春水玉是指海东青攫取天鹅，秋山玉是指秋林野鹿。这些带有游牧民族特点的玉器,是不可多得的佳品。

元朝为蒙古族人统治,蒙古族人豪爽,心胸开阔,玉器制作粗犷。如北海团城的渎山大玉海,尺寸之巨,让人不敢相信是玉器。元代的玉带,常作高浮雕,龙纹生猛,观之与元青花龙纹如出一辙。元代的玉器也常带有浓郁的少数民族风格,玉雁之生动,玉鱼之肥硕,无不把蒙古人在辽阔的疆土上养成的性格显露出来。

收藏玉器,宋、辽、金、元四个朝代一直是空白期。老古玩界根本不把这个时期的玉器放在眼里。近些年,海内外有人已注意收藏并研究这一历史时期的玉器,但面临的困难较多。首先,资料太少;其次,辽、金、元都是少数民族统治,过去人们的关注不够。这就给了现在的有心人一个机会,虽算不上千载难逢,但也确确实实摆在了面前,看你有没有勇气把握住,使之在你的手中成为气候。

▲ 金代 玉透雕海东青捕天鹅环 观复博物馆藏

51. 明清玉器的收藏

明朝的江山稳定之后，玉器的数量迅速增加，朝廷与民间都极力推崇玉器生产。这时的玉器，强调工艺，把欣赏与实用结合起来，明显加强了玉器的商品化倾向。由于明朝文人的推波助澜，玉器的生产日益蓬勃，大江南北均出现制玉高手，可惜留下姓名的只有陆子冈一人。

陆子冈为苏州制玉第一高手，名气很大。落子冈款的玉器有很多，但大部分是清朝的，明朝的寥寥无几。由于有子冈款识的玉器风格不一，故确定子冈的真迹至今仍是一个难题。但这并不影响明朝玉器取得的成就。明朝玉器：礼器沿袭旧制，高古典雅；玉带板不仅数量惊人，质量也很好；尤其受明代文人的影响，以玉制作的文具明显增加，而且构思巧妙。明代晚期，玉制容器增多，古拙凝重，沉稳敦厚，与后来清代玉器的隽美明显不同。

清朝是中国封建社会最后一个王朝，清前期励精图治，使得大清一统天下。进入雍乾时期，玉器生产上达到前无古人、后无来者的境界。乾隆帝非常喜爱玉器，这一时期的玉器生产登峰造极，从质到量，无人企及。

清代玉器工艺复杂，式样繁多，纹饰变化多种多样。乾隆一朝，仿古盛行，因而仿古玉器形制古雅，以适应帝王与市场的需求。一些仿青铜造型的玉器，体积硕大，以玉质表现铜器，堪称一绝。乾隆二十四年（1759年）后，新疆和田恢复玉料贡赋，使得玉器生产突飞猛进。皇室连饮食用具都用玉料做成，可谓奢侈之极。尤其陈设玉器，集能工巧匠之大成，设计之巧，做工之绝，玉质之好，空前绝后。文房用具，如笔筒、砚台、印盒、笔洗、笔架、墨床、镇纸等，用玉琢成，文雅高贵。宗教用品，同样也有用玉琢成的，佛教造像、五供、七珍、八宝、香炉等纯洁肃穆。另外，随身佩带玉牌，风行社会，佩玉为吉，使玉佩生产激增。各类俗称子冈牌子的玉佩，虽小巧，但仍能反映当时的制玉水平。

玉器收藏，当然明清玉器易得。一块玉佩挂于腰间，供自己把玩，与朋友共赏，其乐无穷。只是需要牢记古训：君子无故，玉不去身。只有这样，才能显出收藏的虔诚。

◀ 清乾隆　白玉浮雕夔龙纹活环香炉　观复博物馆藏

52. 元代青花的收藏

青花是一种釉下彩瓷，以金属钴做呈色剂，罩上透明釉，在高温下一次烧成，颜色青翠，赏心悦目。这就是它自诞生起，迅速成为中国陶瓷主流的原因所在。青花是一个文学的名字，富有诗意且响亮，朗朗上口，它科学的名字应该叫作釉下蓝或釉里蓝，与釉里红相对。

青花的诞生陶瓷学术界有唐说也有宋说，但那种青花与一般人视觉感受的青花毫不相同，谁见了唐青花或宋青花也不会认定是青花瓷器。只有元青花，才与后来的明代青花、清代青花甚至今天的青花相同。所以，对于收藏者，元代以后的青花瓷器才受青睐。

拥有一件元代青花精品是收藏者梦寐以求的。元代青花豪放大气，因元代历史较之明清为短，而又是元中期以后出现的，故存世量很少。20世纪50年代，由于美国波普博士研究的“至正型”青花大瓶成果问世，导致元青花国际价格飞涨，成为各国博物馆、大收藏家的宠儿。

那对至正型元青花龙纹大瓶是在1938年被华侨吴赉熙卖到国外的，颈部有“至正十一年”明确纪年，完整无损。这样的大瓶，迄今为止，只发现这么一对，所有研究元青花的书籍都提到过它，可见它的重要和稀有。它的特点就构成了元青花的特征，以此为据，凡与之相符或相近风格的青花可以都毫不犹豫地判定为元青花。

精品元青花有几个特点。

首先，器型硕大，大瓶、大罐、大盘，这与元人的气魄有关。元人是骑马民族，也称游牧民族，心胸宽阔，不会畏畏缩缩。江西高安出土的元青花酒杯上书有“人生百年长在醉，算来三万六千场”，极准确地反映了元人的心态。对于元青花，把握住这一点极为重要。

其次，元青花的绘法有几点与后世不同。莲瓣纹，俗称八大码，绘在器物最下部，每个莲瓣单独成立，互不相连，明以后就不这么画了。花卉叶子，多呈葫芦型，有两节和三节画法，笔触肥硕，意趣古拙。再有是大瓶、大罐一般纹饰层次多，可达八九层或更多，而后世不再如此费事。但也有单一层次的元青花，一般只绘有龙纹。

这些可以作为初步判定元青花的依据，但必须说明的是，元青花近年赝品极多，随处可见，而真品反倒凤毛麟角，难得一见。

▶元代 青花扁菊纹玉壶春瓶 观复博物馆藏

53. 洪武青花的收藏

明代自洪武起，至崇祯终，16帝17朝共执政276年。这其中建文、洪熙、泰昌三朝时间短促，在瓷器收藏中可以忽略不计。过去老古玩行把明代瓷器粗略地分为八大期，即永宣、成弘、正嘉、隆万，其他一头（洪武）一尾（天启、崇祯），以及中叶的黑暗期（正统、景泰、天顺）均未能认识，总是笼统地将这时期的瓷器不是归上就是归下，模糊不清，不做深究。其实，明代青花瓷器的演变风格鲜明，能够清晰地反映出各个时代的特征。

1368年，农民起义军领袖朱元璋开国即位，建都南京，在位时间长达31年。洪武青花原在陶瓷界没有研究，故不是上归元代，就是下属永宣。近20年来，国内外陶瓷界对洪武青花深入研究，加之时有相关资料出土，现已能清楚地剥离出洪武青花，并总结出其特点。

首先是器型。洪武青花承前启后，器型兼顾元明之风，大件器物为多，装饰层次也丰富。比如玉壶春瓶，元代造型瘦高，腹径适度，属清瘦型一类，而进入洪武时期，器型逐渐浑圆粗壮，瓶身重心明显下移，腹大而饱满，观之有类似软容器装水下垂之态。这种感觉在元玉壶春瓶中是没有的。又如盘，菱口为多，这是受元青花影响之故，小尺寸者还常常在盘中心凸起弦纹，类似盏托。

其次是纹饰。洪武青花的纹饰与元青花和永宣青花大异，少有共同点。典型的有被称为扁菊的纹饰，菊瓣绘成双层复合式样，呈椭圆形，这种式样的扁菊只在洪武一朝出现，非常可爱。

另外，这一时期的花卉叶子也极有特点，由元代大葫芦叶演变成小螺丝叶，旋转多圈，灵动之极。最为明显的变化是龙纹，洪武所绘龙纹与元代所绘龙纹区别明显，细颈、长鬣的特征已有改变，神态趋于柔和，凶猛之象收敛，这些细微之处构成了总体改变。

洪武为明初，故青花釉色类元而不类之后的永宣。其釉色大都失透，留有元枢府釉遗风，且肥厚，多有不匀之处；胎骨也厚重，尚无永乐之纤巧；修胎也粗糙，也与永宣不可相比。总之，承前启后的洪武青花的确带有前后朝的特征，但前朝（元代）特征大大重于后朝（永宣），这是判定洪武青花的基本原则，掌握这个原则，等于拿到了打开这扇神秘大门的钥匙。

▲ 明洪武　青花折枝花卉纹盖罐　首都博物馆藏

54. 永宣青花的收藏

永乐三年，郑和首次率庞大船队出使西洋，标志着明朝的政治、经济步入发展正轨。郑和的船队贸易，在推销中国瓷器、丝绸的同时，又从西域带回了烧制青花的上等色料苏勃泥青，也称苏麻离青。这是波斯语音译，意为青金蓝色料。

这就是永宣青花一直被收藏家津津乐道的基础。苏青料发色浓烈，晕散不匀，结晶处深入胎骨，用手抚之有凹感，过去鉴定永宣青花以此为要点，并认为后世没有仿制成功过。但近些年，受高额利润的驱使，景德镇高手不懈努力，使得仿永宣青花瓷器大获成功，确有肉眼观之与真品无二者，对鉴定专家也是个新难题。

永乐、宣德两朝的青花瓷器有许多类似的地方，早年曾有永宣不分之说，可见它们的相似程度。后来经过较长时间的研究比较，专家学者们已将永宣青花较准确地分开，大致如下：永乐的大件器皿少于宣德；永乐署款器明显少于宣德；永乐器物胎体较轻，而宣德较重；永乐的纹饰秀气，宣德粗犷一些，等等。但这些要点比较抽象，还需要收藏者耐心比较，尽可能实践。

注重永宣青花的特点对收藏家很重要。器型上，永宣青花仿金属器造型很多，制造时无须上圆盘拉坯成型，比如绶带葫芦瓶、绶带扁壶、扁平大背壶、僧帽壶、花浇、水注、军持等，这些金属器造型的青花瓷器，一看就是受外来文化的影响，与传统造型大异，并只在永宣两朝风行；纹饰上，波斯纹饰常见，比如轮花、波斯文字、卷草等。受西亚文化影响，是永宣青花很重要的一面，说明了当时中西方文化交流的兼容性。

再有就是苏青料的晕散、结晶等工艺缺陷，导致工匠在生产青花时扬长避短，少绘人物等具体图像，多绘海水、花卉、云龙等纹饰。用苏青料带来的晕散，追求生动效果，这种利用缺陷造成高层次的审美意趣，表明了艺人与工匠美学追求的成熟。

正因为如此，永宣青花价格一直不菲，自明末起就受朝野喜爱，身价居高不下。对于今天的收藏者来说，只要有足够的钱，买一件永宣真品并不是难事，难事是碰到“天漏”。前些年，有人在早市上花了300元就买了一件宣德罐，听起来近乎天方夜谭。

▲ 明永乐　青花折枝花果纹梅瓶　　观复博物馆藏

55. 空白期青花的收藏

史籍记载，明朝正统、景泰、天顺三朝朝野动乱，波及景德镇窑场，官窑器一度停烧。这三朝近30年间，景德镇曾遭遇三次饥荒，民不聊生，造成瓷器产量锐减。所以至今未发现一件署有这三朝官窑款识的瓷器。“空白期”的名字由此而来，也有人称之为“黑暗期”。

过去的陶瓷界对明朝青花研究不深入，只注重永宣、成弘、正嘉、隆万八个主要朝代，而这八个朝代的瓷器与其他几朝有一个明显不同，就是署有明确官窑款识的作品大量存世，而其他各朝的款识极为罕见，明末的天启、崇祯两朝，尚有少量署款的官窑瓷器，而空白期这三朝，包括近年景德镇出土的窑址，尚未见到带款识的作品。

这一时期仅有不到30年的时间，但青花瓷器却形成了一个独有的特点。从前对空白期青花不太认识的时候，不是将其上归为永宣，就是下归为成弘，甚至妄下结论，认为这三朝无瓷器，似乎这一时期偌大个景德镇不再烧造青花。而近些年，研究空白期青花成果频频面世，空白期青花遂成为收藏界的宠儿。

正统时期的青花瓷器，往往色泽浓重，画面丰满，人物瑞兽比明早期夸张，而且注重动感。尤其大罐与明早期造型十分类似，装饰层次多，手法也极为丰富，上下边饰粗犷，主题突出，艺术成就不亚于永宣青花。

景泰一朝，只有七年，把这一时期的青花从中剥离出来十分困难。一般来说，明早期风格重的归为正统，明中期风格重的归为天顺，而二者兼而有之的，就可以判定为景泰青花了。

进入天顺，青花风格应该说有了明显的变化，首先是画面开始疏淡，人物瑞兽减少，鱼藻花卉增多，青花颜色也逐渐淡雅，向成化平等青靠拢，这一点对判断空白期晚期极为重要。

实际上，空白期的青花极富特点，早期与宣德晚期的浓烈风格接近，晚期则开成化的飘逸淡雅先河。30年的时间，完成了从永宣到成弘的飞跃，如果弄清这一时期的变化，就对永宣青花与成弘青花风格的大相径庭有了本质上的了解。

▲ 明天顺　青花庭院人物纹盖罐　首都博物馆藏

56. 成弘青花的收藏

从明成化起，青花瓷器从颜色到器型发生了很大的变化。首先是颜色由明早期的浓烈转向淡雅，进口的苏勃泥青料已不再使用，取而代之的是平等青，发色淡雅，没有结晶黑斑，色泽平和均匀，这一特点在明中期保持了约半个世纪，历弘治至正德后期才开始发生显著变化。

成化青花历来为收藏家所垂涎，原因是成化瓷器胎质细腻，釉面温润，绘工古拙。成化青花的绘意之古拙前无古人，后无来者，故古玩行早年流行“明看成化，清看雍正”的价值观。单从视觉效果上看，成化青花一改永宣的浓艳奔放，形成自己温文尔雅的风格。在具体画法上，双钩平涂，如幼儿作画，平添情趣。再加上蓝中闪灰的平等青，使成化青花在风格、颜色、绘法上三者有机地统一起来，十分和谐。

过去古玩行一直认为成化无大器，这话今天看来也对也不对。所谓无大器如仅指带款官窑器，应该说上述说法是对的，但如加上大量存世的无款民窑器，此话就不成立了。比如上海博物馆所藏的直径近40厘米的青花狮子绣球大盘，比如故宫博物院前些年征集的青花人物故事大罐，都表明成化朝仍有大器存世，只是一般所见署款的均为小件器物而已。

弘治一朝，仍沿袭成化时期青花的基本特点，对于初学者，分辨成弘的确不易，尤其对无款器物，因此有“成弘不分”之说。但细心分析，成弘仍能划清界限。

弘治青花，胎质、釉面、绘工等均逊成化一筹，尤其釉色，成化细腻清亮，弘治细腻浊亮，此浊亮不是浑浊，而是朦胧中带有光亮。这种感觉，原则上讲只可意会，不可言传，落在文字上，显得十分生硬。只有在收藏中多多体会比较，抓住每一次观看真品的机会。

在青花用料上，弘治早期与成化接近，晚期则出现了较为浓重的颜色，也显得施彩不匀。实际上，从弘治起，绘法即便平涂，也注重变化，从浅到深形成过渡，画面的布局比起成化时期，又开始逐渐增加内容，有些作品乍一看与成化之前的天顺青花很接近，与成化疏淡的典型风格反而有些距离。

整个明朝，青花仅以雅致来要求，成化器当为魁首。成化青花官窑器存世量很少，作为个人收藏，仅一件完整器就可以傲视同侪。

▲ 明成化 青花花卉纹碗 英国大维德基金会藏

57. 正嘉青花的收藏

正德青花是明中期风格向明晚期风格的过渡，首先是青花颜色开始发灰。这种灰蓝的色调与成弘青花尚有区别，成弘青花是蓝中闪灰，色泽柔和清亮，而正德青花的灰蓝开始发闷，显得暗浊。画法上，正德青花逐渐摆脱了成弘以来延续的雅致画风，渐渐趋于繁缛。这与明中期成化、弘治时期风格已形成分野局面，尽管正德青花仍属于明中期作品，但它更接近明晚期嘉、隆、万风格，只是有少数早期作品，才留有明中期疏淡的影子。

正德青花胎体的变化，是其又一特征，成弘的轻盈这时已被忽视，明晚期的厚重自正德始。另外，工艺上逐渐远离细致，接痕日益明显，修足草率，胎质粗劣，大量作品出现跳刀痕。

大部分正德青花作品，构图布局满布而均匀，特点不明显，使许多刚入门者往往不易判断年代。其实，正德青花正是嘉靖、万历青花的前身,熟悉成弘,熟悉嘉万,就很容易剥离正德一朝的青花器。

嘉靖皇帝与正德皇帝一样，都是15岁登基，在明朝16帝中，年少仅次于正统、万历两帝。但嘉靖皇帝在位时间很长，长达45年，与之后的隆庆(在位6年)、万历(在位48年)构成了近一个世纪的统治。嘉靖皇帝笃信道教，沉溺于炼丹之术，所以青花瓷器在嘉靖一朝道教题材风行。

嘉靖青花最明显的特征改变就是青花色料改用回青。回青又称称佛头青，蓝中泛紫，不呈灰色，这种浓艳的色调，猛一看非常刺目，毫不收敛，仔细品之，也有热烈奔放之美，形成鲜明的时代风格。

嘉靖一朝喜制作大器，大瓶、大罐、大盘、大碗、大瓮、大缸，画风粗率稚拙，白描平涂。人物、动物、植物常常比例失调，婴戏孩童头大如斗，麒麟瑞兽老态龙钟，古松苍藤虬乱无序。嘉靖青花纹饰道教题材很多，常见的有八仙、八卦、云鹤等，反映了嘉靖一朝推崇道教的普及程度。

青花从明早期的苏勃泥青，到明中期的平等青，再到明晚期的回青，走过了“浓—淡—浓”的过程。这个过程反映了人们审美观的周期性，但每一次重复，都会有所不同，认真体会这种不同的奥妙之处，正是每一位收藏者应该注重的。

◀明嘉靖　青花折枝花卉文字纹葫芦瓶　观复博物馆藏

58. 隆万青花的收藏

隆庆一朝，夹在明朝两个在位均接近50年的皇帝之间，因仅有6年，故过去经常被人忽略不计。对明晚期的瓷器来说，常以嘉万称之，无视隆庆的存在。其实，隆庆朝虽短，但仍有青花精品出世，尤其在明晚期中，最具收藏魅力的当属隆庆青花。原因也极简单，隆庆青花十分罕见。由于隆庆一朝政局不稳，景德镇又连遭水患，瓷器生产紧缩，品种及数量均大量减少。在瓷器生产收缩之际，手艺低者被淘汰，高手被留用，所以隆庆青花在晚期嘉、隆、万三朝中，鹤立鸡群。

隆庆青花在选料上极精，回青的蓝中泛有紫色，隆庆时期把握准确，色彩纯正美丽。与嘉靖的浓艳相比，隆庆收敛而不刺目，有“炉火纯青”之美誉。隆庆青花绘工官窑有精绝之作，民窑也较嘉万精细；造型虽少，但喜用镂孔工艺，增加变化。隆庆官窑器在款识上基本书写“大明隆庆年造”，在明清官窑款识上独树一帜。

进入万历一朝，晚明的繁缛之风完全形成，凡绘工无不见缝插针，唯恐疏漏。这种繁缛奢华的风格，在其他工艺中也有体现。实际上，万历48年的统治，使大明王朝气数已尽。社会上流行奢靡之风，瓷器作为国人追求的艺术陈设，极尽可能地装饰，以工艺强度作为展现艺术的手段，把文人化的艺术品打扮成一个财主。万历青花在这种政治倾向的笼罩下，形成繁缛的风格。过去的传统美学对其持唾弃态度，但从整个青花瓷器收藏来看，环肥燕瘦，不必强求一致。

由于社会经济的衰落，万历青花工艺大幅度退步，胎体疏松，修胎草率，底部粘沙现象多有出现；釉色逐渐失透，呈现青白色乳浊，釉面流痕现象严重；青花颜色也失去了嘉靖、隆庆亮丽艳紫的色调，一步步走向灰暗。画法古拙，虽出于无意，但意趣尚高雅。

整个明朝晚期的青花已没有了早期的雄浑生猛，告别了中期的淡雅清秀，反倒演变成稚气古拙，有点老变少的感觉。具体表现为绘工单纯可爱，人物头大身长，比例失调；龙凤老态龙钟，锐气全无；至于花鸟鱼虫、翎毛走兽均不见从前的勃勃生机。这些现象与整个社会的政治背景有关，把握这一点在鉴定上大有裨益。说这话虽有故弄玄虚之嫌，但的确是一剂治本之药。

▲ 明万历　青花镂空“永享太平春”文字碗　观复博物馆藏

59. 过渡期青花的收藏

明末清初的青花瓷器很久以来一直被研究者忽略，早年有关这一时期的专著或文章几乎没有。老古玩界常常把这一时期的青花瓷器混淆，精细者归为清康熙、雍正朝，粗糙者则归为明万历朝了。

这一时期由于是明朝到清朝的过渡，因此有了一个固定名称，叫作过渡期。过渡期是指明天启、崇祯两朝以及清顺治一朝，三朝共42年。这一时期属两个朝代，风格演变由明至清逐渐完成，脉络清晰。

明朝至天启，已进入多事之秋，明亡已不可避免，连天启皇帝自身都对政权没了信心，不理政事，热衷于木工之艺，故天启青花官窑器几乎不见。然正因为如此,明末民窑一改嘉万百年繁缛之风，疏淡又再度流行，在没有束缚的氛围中，天启青花独树一帜。当时的文人雅士以远离政治、逃避现实为寄托，在青花瓷器的绘工上，画意在先，讲究布局，讲究笔法，讲究文人气。

明朝进入崇祯一朝，大势已去，文人墨客对政治和国家完全失去了信心，遂追求奢华之风，以求心态平衡。明朝末年的工艺品穷极工巧，原因就在于此。青花瓷器也不例外，极为细致的修胎与绘工，让人无法与嘉万百余年的工艺相提并论。崇祯青花，常用暗刻作边饰，然后对历史故事、人物山水、花鸟鱼虫描绘至精至细，尤其是人物，受明末画家陈老莲笔法影响，一看便知。徽州版画的风行，使崇祯青花不落窠臼，内容丰富，线条流畅，成为明末辉煌的一笔。

清朝入关后，顺治帝政事繁重，国家百废待兴，皇帝虽励精图治，但还不能过多地过问景德镇烧窑事宜，故顺治青花仍沿袭老路，顺着明崇祯的路子往下走。仍旧保持文人化的倾向，可以明显看出文人对瓷器生产进行了干预。所以远山近水、老树古屋，无不流露落魄文人的无奈。

过渡期青花瓷器是一个较新的课题，过去人们对它知之甚少。随着现在人们认识的迅速提高，纠正了明末清初瓷器粗糙这一错误观点。过渡期青花瓷器的社会成因较复杂,似乎不按一般规律行事，这些曾困扰学术界，但随着研究的深入，这部分作品近年来颇受国内外收藏家青睐，许多大博物馆也已注重收藏。过渡期青花作品由于过去的忽视，存世量不算很少，有意收藏者当然应该不失时机。

◀清顺治 青花麒麟纹筒瓶 观复博物馆藏

60. 康熙青花的收藏

康熙青花以色泽艳丽、层次分明、画工率意颇得收藏家的青睐。有清一代，康熙青花“独步本朝”，在学术界和收藏界已达成共识。康熙帝8龄践祚，注重科技，在江山安定之后，大力提倡瓷器生产，鼓励景德镇“官搭民烧”。这种有利于瓷器发展的政策在康熙十九年（1680年）就成为固定的制度。御窑厂集中了天下的能工巧匠，宫廷派出了督窑官，康熙十九年派出了臧应选（臧窑），康熙四十四年（1705年）派出了郎廷极（郎窑），奉旨在景德镇驻厂督造。所有这些，为康熙一朝瓷器生产打下了良好的基础，并提供了有力的保证。

在这种背景下，青花瓷器仍成为瓷器生产中最大宗的产品，进而不断提高质量，使得康熙青花达到了炉火纯青的境界。

康熙青花层次分明，虽以一色写意，却“墨分五色”。康熙青花以浓淡作为表现手段，把远山近水、翎毛走兽、花草树木、人物神仙描绘得十分传神。比如，康熙青花山水在绘制中，利用青花料的浓淡分水，层层渲染，使山石有陡峭之感，称之“斧劈皴”。其绘法只见康熙一朝，一望便知。

题材丰富也是康熙青花的特点，尤其是以明末清初徽州版画为蓝本的青花瓷器，比比皆是。在明末天启崇祯青花的影响下，清康熙将《三国演义》《水浒传》等著名小说大量绘制在瓷器上，同时也有警世功效。另外，飞禽走兽、各路神仙，在康熙时期都具有一股勃勃生机，鸟的飞翔上下劲舞，兽的走动虎虎生风，神仙都怀有恬淡的心态，祈祷世态和平。

这就是康熙青花瓷器在内容表现上的核心。抓住这一点，是辨识康熙青花真伪的关键，许多康熙青花的伪作之所以过不了关，就是因为丧失了康熙青花的精神实质。

康熙青花的胎质在历朝中是最坚硬的，因而分量较重。一件康熙青花器，手头感较同体积器物实在，有沉甸甸之感，但重量感并不过分。“紧皮亮釉”是康熙青花的物理特点，这是指康熙青花釉实而薄，色青而亮，紧贴胎骨，不浮不躁。康熙青花口部大都施浆白釉，修足平切或斜削，这些都是工艺上特点。判定一件康熙青花的真伪，物理性极为重要，但最为重要的还是其社会性的因素，而这种因素往往只可意会，不可言传。体会这种不可言传的因素虽然有些困难，但也不是可望而不可即的。多看，多体味，多问，多思考，会事半功倍。

▲ 清康熙　青花人物故事六方花盆　观复博物馆藏

61.

雍正青花的收藏

雍正是一个艺术上非常有造诣的皇帝，他对景德镇的陶瓷生产倾注了大量的心血。据清宫档案记载，雍正帝对于陶瓷的生产，已具体到出样，包括造型、颜色、画意等具体要求。今人看来，这些行为似乎有些过火。

其实这就是雍正时期瓷器至精至美的原因。皇帝直接干预瓷器烧造，并且细致入微，这在中国历史上非常罕见。上有所好，下必甚焉，雍正一朝的能工巧匠，无不以讨得皇帝欢心为己任，制造出无数精美绝伦的瓷器。

雍正青花在清代青花瓷器中以仿古著称。雍正一朝仿古之风大兴，仿明永乐、宣德最为常见，这与雍正帝个人喜好有关。康熙青花的青翠到了雍正已不再时兴，取而代之的是追求永宣韵味的沉着色泽。雍正一朝，虽只有13年，但风格明显摆脱了康熙的率意，以工细见长，仿古者力求神似，创新者追求淡雅。仿古青花用点染方式将永宣青花苏勃泥青的缺陷美再现，这类仿古青花，以文人的眼光总结了永宣青花的优点，将自然形成的不可避免的缺陷美变成有意追求的韵味美，曾风靡一时。另一类追求淡雅风格的青花，也颇具韵味，淡描青花以细线描绘纹饰，不再施色，这类青花作品工整纹饰为多，表现淡雅的同时展现工整的魅力，别具一格。

雍正青花瓷器在画意上明显与康熙时期不同，人物画片儿明显减少，尤其“刀马人”几乎不见，故事性的场面急剧减少，即使绘人物也是程式化的内容；山水的画法也由康熙的“斧劈皴”过渡为“披麻皴”。以线代染，不厌其烦；至于花鸟，花卉非常工整，逐渐程式化，而鸟则少了灵动，多了规矩。雍正青花的这些变化，表明了景德镇陶瓷生产的制约因素在增加，这是雍正帝始料未及的。

由于雍正时期瓷器修胎明显规矩，而且渐渐定型，雍正青花瓷器许多如出一辙，逐渐定型生产，成为清朝历朝历代的定式，如青花赏瓶、玉壶春瓶、蒜头瓶、梅瓶等。在修整器足上，雍正时期极为重视，滚圆的“泥鳅背”器足表明瓷器生产已注重看不到的细部，这是雍正制瓷工艺的进步，也是深受收藏家喜爱的一个潜在因素。

◀清雍正 青花『封侯图』琵琶尊 观复博物馆藏

62. 乾隆青花的收藏

爱新觉罗·弘历是一个非常享福的皇帝，年号乾隆，自幼颇受祖父康熙的宠爱，以至其父雍正继位都沾了他的光。乾隆25岁登基，85岁退位，因不愿超其祖父在位61年，以满一个甲子光荣隐退，做了四年太上皇帝，于89岁高龄圆满寿终，成为中国历史最富有传奇色彩的皇帝而被载入史册。

乾隆帝酷爱艺术，对瓷器尤为喜爱，景德镇的瓷器生产在这一时期品种翻新，争奇斗艳。与此有关，这一时期传统产品青花仍扮演着主角，以其数量和质量称雄瓷器市场。乾隆青花的变化较多，既有雍正遗风的仿古之作，也有具有本朝特点的工细之作。雍正一朝的仿永宣青花，影响了乾隆很长一段时间，其作品有时不属款识很难分辨是乾隆还是雍正。由于乾隆时期的瓷器生产有许多档案可查，故可以看清乾隆早、中、晚三个时期的变化。乾隆早期青花大部分追求永宣青花的效果，青花浓烈晕散，纹饰中点染的地方很多，著名的早期作品有乾隆五年、六年景德镇督窑官唐英监制的一部分青花供器。

这部分作品都是典型清代纹饰，但追求明早期的艺术效果，因而作品在深沉中显得规范。中期以后，青花的发色清丽，很少再有晕散，作品也就不再模仿永宣，而把乾隆一朝的工整、秀丽、强调形式美表现得淋漓尽致。这时的青花，渲染有度，以清晰为表现目的，把青花单纯的色调分出层次。到了乾隆晚期，青花作品中部分出现了略带紫色的现象，胎体也变得干白，这种现象一直延续至嘉庆。

乾隆青花比起康熙少了随意，比起雍正少了古雅。乾隆青花最大的特点就是将青花瓷器生产逐渐程式化，让作品变得美丽得不能再美丽，尽可能地表现制瓷技巧，哄皇帝和百姓高兴。

乾隆青花存世量极大，无论官窑，还是民窑，都有精彩的作品存世。这一时期青花作品的丰富性不可想象，造型丰富，题材广泛，许多作品出奇制胜，出现了大量单纯审美的瓷器，不具实用功能，这在其他各朝不多见。收藏乾隆青花，应该体会乾隆时期的社会富足，百姓热衷于追求生活悠闲。这些对辨识瓷器的真伪似乎毫无用处，但时间久了，就会发现其中的奥妙，就会在收藏中去粗取精、去伪存真，并获得乐趣。

▲ 清乾隆　青花九狮纹玉壶春瓶　观复博物馆藏

63. 嘉道咸青花的收藏

清朝自嘉庆帝起，国势逐渐走入下坡。康、雍、乾三朝盛世景观已成为历史，大清综合国力明显下降。反映在瓷器制作上也是同样，精美绝伦的瓷器日趋减少，景德镇的瓷器生产只能沿袭旧制，没有力量创新，许多品种还有所减少。在这样总的背景下，嘉庆、道光、咸丰三朝共半个多世纪的时间里，青花瓷器的烧制质量及数量已大大不如从前。

嘉庆朝瓷器烧造仍沾乾隆朝的光，从造型和釉色都与乾隆晚期类似，有些瓷器仍署乾隆款识却是嘉庆早期的作品。原因是嘉庆四年之前，太上皇帝乾隆爷仍在世，署乾隆朝款哄老爷子高兴，也属国人传统的尊老习俗。嘉庆青花，发色与乾隆晚期常见青花近似，只是略微淡些。在绘制手段上常有偷手,尽可能地节省材料与人工，这是由于市场需求的质量降低所致。实用瓷器不再像前朝那样追求品位和情趣，程式化的产品占领了大部分市场。

道光帝接班以后，回天乏术，也是躺在先人的成就上得过且过。

道光二十年（1840年），鸦片战争爆发，使得清政府一蹶不振，国将不国，各类矛盾日益加深，清廷已无心把瓷器生产作为艺术来要求，故景德镇也只好按照旧制保量而不能保质。这一时期，除部分官窑外，绝大部分民窑青花作品平庸，色泽灰暗，胎土也淘洗不净，瑕疵比比皆是。

进入咸丰朝，清朝政府内外交困，对外赔款，对内镇压，太平天国运动风起云涌，终于迫使清廷在景德镇的御窑厂停烧。这从根本上破坏了官窑生产，导致咸丰一朝官窑器锐减。也许正是这一原因，导致失业的御窑厂的窑工不甘坐以待毙，仍操旧业，为官不能但为民可以。这使得相当一批青花带款民窑或不带款民窑工艺细致入微，笔力虽弱但一丝不苟，似乎有不计工本之嫌，在晚清青花中鹤立鸡群。这类咸丰青花器往往会被初学者误认为是雍正作品。

清朝中晚期嘉、道、咸三朝的政治轨迹与瓷器生产轨迹几近吻合，这是判定瓷器生产年代的法宝。政治辉煌，国家就辉煌，随之艺术品也都辉煌，这少有例外。嘉、道、咸这三个朝代，与康、雍、乾不可同日而语。对于收藏，早先的观念下限截至乾隆，嘉庆以后不屑一顾，连《中国陶瓷史》一书都省略不写，一笔带过。而现在对于知道辉煌，也知道黑暗，更知道历史的连续性的人们来说，这一时期的瓷器仍可以进入收藏之选，青花当然也不例外。

▲ 清嘉庆　青花淡描缠枝花卉纹钵　观复博物馆藏

64. 同光宣青花的收藏

同治、光绪、宣统三帝均年幼登基，最大者6岁，幼者仅3岁，三朝共50年，风雨飘摇。大清江山在这半个世纪的时间里，气数已尽，景德镇的瓷器生产不可避免地受到影响。

清晚期同光宣的彩瓷生产数量剧增，尤其粉彩生产数量大，品种也有所增加，以适应社会浮躁的需求，而青花却沿袭旧路，维持现状。同治青花，大部分色泽灰暗，青花浮色，已没有清前期“紧皮亮釉”的特点，官窑器中更是这样，缺乏青花应有的亮丽，并且品种骤减，仅限于弦纹赏瓶、玉壶春瓶等传统式样，不再创新。同治帝19岁驾崩，其母慈禧没让他正经行使过一天皇帝的权力。光绪4龄践祚，垂帘听政愈演愈烈。清朝在这一时期，由于统治者不惜出卖国家利益获取西方列强的支持，政权得以暂时稳固。“同光中兴”就在这时使晚清涂上一层耀眼的光环。同光时期，又由于以吴大澄、罗振玉等人为首的金石学的兴起，社会上研究金石之风大盛，仿古风潮再度兴起，并波及社会的每一方面。青花瓷器在这一时期大量仿制前朝作品，尤其对康熙一朝钟爱，除去康熙朝青花本身质量优良外，更重要的是其政治因素，晚清的政治腐败，导致百姓怀念盛世。

光绪青花，与同治雷同，但出现艳紫一类，其原因是追求康熙青花的“翠毛蓝”，由于钴料使用失当，导致晚清青花的艳紫色刺目，被古玩界称为“洋蓝”。洋蓝青花器存世甚多，也分质量高低。高者确有刻意追求康熙青花并获几分相似，低者则俗不可耐，一望便知是滥竽充数。辨识晚清青花，首先要注意胎体，疏松是晚清瓷器的普遍特征；其次则是青花色泽，因前后差距太大，应该说分辨起来不算困难。

宣统一朝，仅仅三年，已是长达276年的大清帝国的尾声了，虽然官窑和民窑瓷器仍在生产，也不乏认真之作，但已力不从心，草草收场了。

清晚期这三朝青花瓷器的收藏需注重时代特征，比如晚清博古与前清博古比较，晚清博古富于金石气，而前清博古就是博古，玩的是闲情。晚清金石学反映到瓷器上是学问，当然，这种学问渐渐被市场通俗化了，变成了装饰。而我们今天的收藏，就是找出学问之源，找出学问中的学问。这听起来有些玄乎，其实一点都不玄，凡是青花图案中绘有古钱币的一定是清晚期的作品，清前期绝对没有。

▶清光绪　青花雉鸡牡丹纹瓶　观复博物馆藏

65. 古典家具的收藏

一般说来，国人对古家具的认识和收藏容易停留在表层上，首先是看重材质，式样先不论，是不是紫檀、黄花梨、红木成了古家具价值的第一标准。对于购买者，只要木质硬、颜色重、分量沉，统称硬木家具，就会放心大胆地慷慨解囊。

中国的古代家具如果可以用钱来衡量，值钱的首先是式样，或曰艺术。古代工匠不同凡响的艺术天赋将中国古家具制造得巧夺天工。许多精品达到了无可挑剔的境界。明式之洗练，清式之华丽，均产生于艺术家之手，从这一点上看，值钱的当然是艺术了。

过去的老古玩行原本没有古家具这行，古家具是捎带手卖的。近些年，古家具收藏热兴起，海内外收藏家趋之若鹜，使中国古家具的价格扶摇直上。但这里有个小小的区别，西方人注重式样，在造型好的基础上材质才会起作用；而东方人注重材质，式样放在了其次，家具必须是硬木良材。

按照一般分类，古典家具分成明清两式，当然还有民国式。明式家具重结构，由于明代房屋较大，采光相对较弱，明式家具随之在造型线条上下功夫，造型洗练，线条流畅。而清式家具则以华丽见长，工匠穷极工巧，凡能想出的必能做出，令人叹为观止。进入民国以后，西方文化兴起，民国家具则不可避免地展现来自海外的文化影响，曾在商埠、港口等发达城市风行一时。

明清以来的家具文化色彩缤纷，传世品很多，尤其古典家具与一般古董不同，买回去既能收藏又实用，所以大部分人能够接受古家具收藏。可遗憾的是，许多收藏者对古典家具没有找到一套简明可行的办法，可又急于投资或收藏几件古家具，所以作伪者乘虚而入，使赝品充斥市场，上当者众。

有几句忠言告诉收藏者：若想收藏几件中国古家具，式样应放在第一位，材质可以放在第二位考虑。至于真伪，多请教，多思考，多看书，多比较，就是别听故事，千万小心！

▼ 观复博物馆　松溪草堂

66. 明式家具的收藏

明式家具在四五百年过后的今天看来,仍属于极高层次的审美。换句话说，明式家具的基本式样至今仍然时髦。很少有事物能够在长达几百年间长盛不衰，并成为文人、商贾追求的典范，而明式家具的确具有这样的魅力。

明式家具自宋以来逐渐形成，实用而美观，至明末清初达到炉火纯青的顶峰。它以洗练的造型、合理的结构，在向后人表现着前人的智慧。许多文人墨客都给予了极高的评价。尤其近半个多世纪以来，东西方许多专家都倾心研究，成果频频面世，商人随之推波助澜，把收藏明式家具热推向社会。

用科学眼光来看，明式家具的结构仍然最为合理，比如椅具，下半部与上半部讲究一木连做，好处不言而喻，结实不易松散。又比如案类家具，无论是插肩榫还是夹头榫，都有越压越紧之势，俗称万年牢。

素雅是大部分明式家具的特点，许多家具通身不琢一刀，以光素取胜，为的是表现木材的质感。例如紫檀，乌黑犹如绸缎；也有表现木质自然纹理的，例如黄花梨木，行云流水般的纹理在光素的家具设计中显得突出醒目。追求自然，追求简洁，是明代文人对家具的要求。

当然，明式家具中也有华丽富贵者，通体装饰繁缛，以攒斗方式，以满雕方式，充分显示明式家具中豪华富丽的一面。这些家具往往是大床大柜，或是镜台等小件。风格迥然不同，这也是明式家具的另一种魅力所在。

收藏明式家具，应注重式样，比例尤其重要。一个人脸蛋儿再漂亮，腿短也是不行的，起码选美时不行。比例的匀称需要细心慢慢体会，一两句话说不清楚。另外，要注重线条，明式家具的线条极其优美，不可言喻，这都是古代工匠的群体智慧。线条生硬，理应放弃。

最后必须说一句，明式家具名气太大，所以作伪者垂涎三尺，手法翻新多样，心里没底者千万不可凭借对一般事物的判断，而一失足成千古恨。

▲ 明晚期 黄花梨万历柜（对） 观复博物馆藏

67. 清式家具的收藏

清朝初期，家具仍沿袭明朝旧制，进入雍乾时期，中国家具发生了自宋以来的根本变化。首先是装饰风格的改变，清式家具一反明式家具数百年形成的古朴之风，以华丽为追求目标，极尽工匠之能事，将清式家具装饰得华丽有加。因此，许多清式家具结构让位于装饰，出现了清式扶手椅（俗称太师椅）、多宝格等新的品种。

清式家具在宫廷家具的直接影响下，迅速风靡城市，清宫造办处集结了天下的能工巧匠，皇帝甚至直接干预家具的生产。在清前期总体繁华艳丽的大背景下，清式家具逐渐摆脱了明朝传统制式，以新的面貌进入社会。

在过去很长一段时间内，清式家具不受重视，原因较复杂，主要是晚清的家具败坏了清朝盛世时期家具的声誉，因而有“十清不抵一明”之说。现在看来，这种说法过于片面了。清式家具也有精美绝伦之作，尤其康、雍、乾三朝仍有许多优秀作品存世。

与明式家具相反，清式家具大多施以雕工，追求细部的表现，尤其在牙板等可以装饰的地方,雕刻工匠大显身手,纹饰多样,以面、以线、以点均有装饰佳作。但清代家具也有光素不琢一刀者，从结构上仍能看出清式家具的风格。所以,不可以光素来划分明清两式,主要区分的标准仍是结构。

由于清式家具产量大，工艺上就有所改进。椅具两木分做，多用走马楔连接，桌案类的子母口镶框等，都是为了便于批量生产，这些在明式家具中几乎不见。

清式家具对于一般收藏者，可以接触的机会很多，尽管历史上毁坏不少,但仍有大量实物存世。收藏的难点是清式家具结构复杂,审美趣味因地因人而异，这对于今天的收藏者，无疑是一道难题。解决这道难题，还在于个人的学识与品位。

收藏清式家具，当然宫廷家具为首选。集天下能工巧匠制作的家具，拥有一件就可以自豪。至于民间家具，只要造型优美、比例适中、式样独特，或者木质优良，就可以解囊搬回家中，一边欣赏，一边使用；一边使用，一边等待升值；当然，升值的前提是别买回赝品。

▲ 清中期　紫檀拼面画桌　观复博物馆藏

68. 乡村家具的收藏

乡村家具是个新提法，以前没有正式名称，北方人叫“柴木家具”，在南方讹音为“白木家具”。以烧柴之木做成的家具，鄙视显而易见。这个名称是城里人起的，有些无知。现在有了正式名称，研究者、收藏者方便了。

中国的乡村家具流派极多，各地区都有渗透地域文化的实用家具。北方以晋做为代表的乡村家具占有主导地位，而南方当然是传统的苏做乡村家具独领风骚。中国乡村家具的生产法则是就地取材，以当地最好的木材制作家具。顺理成章，越是好材，做工往往越是讲究：这一点，对收藏者很重要。比如山西的核桃木家具，做工大都精细，有些家具远观与名贵的黄花梨家具十分类似，甚至一模一样。可见这种木质家具的生产当时很当回事。核桃木性温和，纹理细腻流畅，适于各种雕刻，这一点为其他“柴木”所不及。故核桃木的乡村家具在收藏中当属上品。

又比如苏州的榉木家具，式样由明至清，应有尽有。榉木纹理清晰流畅，色泽油黄，打磨后极光滑，在“柴木”中属最硬、最重者。许多用榉木做成的明式家具犹如黄花梨木，不近观无法分辨。乡村的居室一般较城市宽大，所以乡村家具以舒展型为多，比如面条柜，南方人叫作“大小头”，西方人则叫作A形柜。这类柜子进入城市就十分少见，原因是既占地又不如方角柜柜膛宽大实用。还有官帽椅，也叫四出头，这类椅子在城市中逐渐不受欢迎。舒展归舒展，只是太占空间，所以被城市人淘汰。

但作为收藏，乡村家具中那种原始、质朴、不矫揉造作的风格，应该是收藏者的首选。乡村家具已在全世界范围内被接受，像乡村音乐一样进入城市而别具一格。

乡村家具的流派、材质、式样极多，一般人很难在短时期内捋出头绪。作为收藏兼使用，乡村家具属于一般人可望又可即的品种。花钱不多，就能小成气候，只是要克服“我是城市人不买乡下东西”的可笑想法。

▲ 明代　榆木剑腿榻　观复博物馆藏

69. 民国家具的收藏

民国家具是一个新提法，按照明清两式家具以年代划分。这是一种分法，不区分身份，只注重年代，好像大学、中学、小学一样，都是学校。而有的学者认为另一种分法更好：宫廷家具和民间家具。分法一望字面即可知晓。这种主张是不考虑乡村家具以及与之相对的城市家具的分类方法。我个人认为民国家具恰恰是一种典型的城市家具，几乎从未跨入农村一步。

辛亥革命前后，西方列强进入中国，它们的文化快速地渗透到中国社会中来。当时的社会，由于受到长达2000余年封建社会的禁锢，各方面都急于摆脱封建文化的桎梏，去接纳新思潮以及西方文化并迅速成为潮流，民国家具正是在这种大背景下产生的。

民国家具的定义是，以西方家具设计思想为原则的，带有相应文化色彩的，首先为城市中官僚、政客、商贾接受并推崇的城市家具。它违背了中国古典家具尊严第一、舒适第二的设计原则，强调方便与舒适，家具已不再是权力的象征。比如床，中国古代的卧具不论是拔步床、架子床，还是罗汉床甚至炕，都是单面上下的，这就有了主次，有了先后，有了等级观念；而西式的床则是两面都可以自由上下的，没有了以上的差别。民国家具在观念上的改变，至今还没有被所有的国人接受，把当今的床靠墙放置，就是残留古代家具文化的一个明证。

民国家具在强调以人为本的设计原则上也与西方资本主义观念吻合。中国古代家具中度藏类家具一般都较少设置抽屉，多屉的家具只有药房的药柜。就连书桌也一般为案的形式，讲究腿部的活动空间，但忽略了储物的方便。民国的书桌，出现了俗称两头沉的办公桌，从名称上讲，似乎更看重书桌的实用功能。

民国家具在设计中大量出现了西方的纹饰，出现了木材热弯工艺，出现了玻璃镜子，出现了工业化的金属构件。总之，民国家具在各个方面都与传统的家具不同，一看便知，区分起来比较容易。

近年来，收藏民国家具已形成一定市场，价格开始上扬。民国家具也有广做、沪做、京做之分。留住这一特定短暂时期的文化，研究并加以收藏，显然是新收藏家们翘首以待的机会。

▲ 民国　红木靠背椅

70. 紫檀家具的收藏

中国人对家具的制作最注重材质，这是体现身份的首要条件。这一点与西方人的家具设计观不同，西方人首先注重式样，材质在其次，因此，西方家具几乎不见硬木。史书记载，紫檀价格昂贵，为楠木20倍以上，紫檀作为家具中的顶级材料，早在明朝就已备受重视。

紫檀为文学名称，古人把优良木材都赋予了颇为美丽的名称。紫色为华贵之色，成语中有“紫气东来”一词。紫檀木的色泽，从深黑至紫红，变幻多样。紫檀家具年久失蜡以后，可变成银灰色，形成金属一样的光泽，十分耐看。

紫檀家具作为家具的极品，在清朝前期十分受宠。明代的家具中，紫檀家具比黄花梨家具存世量要少得多，几乎形不成比例关系。紫檀家具在明朝稀少的原因，除去紫檀木本身稀少外，更重要的原因是明朝人不喜欢深紫几乎不带纹理的木质，而对黄花梨行云流水的纹理颇为欣赏，这主要是晚明文人崇尚自然的生活观所致。紫檀生长缓慢，而且十檀九空。较粗大的紫檀料中心一定是空的，所以用紫檀做大件家具是件非常困难的事情。

紫檀的物理性能优良，内应力小，在恶劣条件下也极少变形，分量很重，在硬木中属最重一类。这种分量给了国人心理上的踏实感，因为久远的历史告诉古人，值钱的东西一定很重，譬如金银。紫檀的物理性能还表现在制作中，虽然紫檀坚硬似不可催，但施工时仍能利于工匠走刀且不阻不崩，原因是紫檀纤维极为细腻，而且相互胶合力强，紫檀的横截面甚至可以走刀。这一点从纹理以及工匠施工中都能明显看出。中国家具最为细腻的雕工一定是紫檀，尤其有些小件紫檀作品，雕工穿枝过梗，最细者用“细若游丝”形容也不过分。

紫檀家具是中国古典家具中的贵族，具有极强烈的宫廷色彩，它代表中国古典家具的最高制作水准，集能工巧匠智慧之大成。宫廷紫檀家具以其材质昂贵、做工精绝、式样讲究、数量稀少而称雄古今。对于收藏者，辨识紫檀是其必要条件，然后才是对其艺术性、历史性的鉴赏。有一个道理，也是忠告：目标若瞄错了，打中也枉然。

▶清中期　紫檀『风光和雅』扶手椅　观复博物馆藏

71. 黄花梨家具的收藏

将一种自觉的追求完美地再现在与生活息息相关的家具设计上，黄花梨家具最具代表性。作为制造家具最为优良的木材，黄花梨木有着非凡的特性。这种特性被聪慧的古代文人和工匠捕捉到了，并加以充分利用。这就是近年来人们津津乐道的黄花梨家具。黄花梨家具在展示华贵的同时，又展示了一种其他木种没有的耐性。这种耐性是由不易开裂、不易变形、易于造型、易于雕刻等诸多优点构成的。

黄花梨木显然也是文学名称，富于诗情。约在20世纪二三十年代，用这种温润而不擅夸张的木材制造的古典家具又重新被人认识，尤其当德国人古斯塔夫·艾克的《中国花梨家具图考》问世后，一股世界范围的收藏热逐渐蔓延，并持续了很久，直至1949年，才告一段落。1970年，美国人安思远又有一本研究黄花梨家具的著作《中国家具》问世，国人虽尚且不知，但国外已有智者捷足先行。1985年，王世襄《明式家具珍赏》的问世，将黄花梨家具的研究与收藏推上了前所未有的高峰，海内外藏家均以收藏黄花梨家具绝品而自豪。这样，明清两代富贵人家使用的家具，成为世界或中国博物馆的新宠。

在名贵木材中，黄花梨家具比紫檀家具存世量多，品种也多。黄花梨家具常有尺寸之巨者，且面板宽硕无拼，足见其原树木之高大。明式架几案有宽达50厘米、厚10厘米、长350厘米的独板，全板不拼不接，纹理清晰流畅，俗称一块玉。这类朴素无华的家具，明显可以看出为展示材料而制，这在中国古代家具制作中并不多见。

纵观黄花梨家具，它的地域性特点似乎没其他木质家具明显，产生年代限制在17—18世纪。它的品种多而全，家具中的椅凳类、桌案类、柜架类、床榻类、其他类应有尽有，包括黄花梨小件在内，黄花梨家具风光了大约200年。

明式家具的洗练与华丽，是多少文人墨客、能工巧匠智慧的结晶。明式家具中的精品——黄花梨家具，属大雅中的大雅，不悦俗眼。追其根源，黄花梨家具的文化内容包含着一种脱俗思想，绝不无原则地迎合市场，以保证文化的高贵和不可侵犯性。500年来，无论兴衰，黄花梨家具始终在向人们强调一种身份的优越，提倡一种安逸的文明。

▲ 明晚期　黄花梨翘头案　观复博物馆藏

72. 红木家具的收藏

国人常常把硬质优良木材制成的家具统称为红木家具，可见红木家具的影响之大。在外行人眼中，紫檀、黄花梨甚至包括铁力、鸡翅木等古家具中的常用良材与红木没有本质上的不同，都属于体重色深一类，故把这类古家具统称为红木家具也算顺理成章。

其实，红木家具在中国古家具中出现得最晚，硬质木材中，它比黄花梨木等名贵家具至少要迟出现300余年，大约到了清朝中叶，红木家具才登上历史舞台。红木是在紫檀、黄花梨木告罄之后，作为替代品由南洋进口的。

红木是统称，植物学上属豆科，木料剖开后有酸味，较刺鼻。所以，红木在南方又被称为酸枝。红木体重适中，较黄花梨木、鸡翅木重，较紫檀木又轻。红木纹理变幻多样，有纹理近黄花梨而不易区分者，又有色泽近紫檀以假乱真者。因这两种材质历来比红木贵重，所以判断失误往往与此有关。红木硬度较高，性脆，雕刻时易崩茬，不适宜过于精雕细刻。红木雕刻如果过细，不仅易损坏，而且很难打磨细腻，与紫檀的精细雕工有天壤之别。红木性（内应力）大，遇干湿冷热立刻变形，或收缩，或膨胀，幅度大约在1%。红木在制作前如没有干燥，用不了多久，就会开裂，少数红木还会有弯曲变形现象，几乎无法整治。

自明以来，朝野大量使用名贵木材，形成潮流，到了乾隆晚期，良材锐减，以至于乾隆帝本人也亲自过问，并下令限制名贵木材的使用，甚至为此还曾大动肝火。在这样的背景下，寻求替代物成为必然，红木就是在这时被慧眼识珠的商人们选中的，登上历史舞台。大约从清朝乾嘉之际起，红木走上了名贵家具的舞台，并唱起主角。从此，红木家具一发而不可收，以自己不失高贵，又可以普及的特殊身份，200余年来，占领了中国古典优质木材家具的市场，成为硬木家具的代名词。这取决于数量，红木家具的数量，远远大于黄花梨、紫檀、乌木、铁力、鸡翅木等家具的总和。仅此一点，在国人倡导使用名贵家具用以显示身份和地位上，红木家具功不可没。因此红木家具无可争议地成为古家具收藏的主流品种。

▲ 清代　红木两出头扶手椅　观复博物馆藏

73. 鸡翅木家具的收藏

明清家具中所用良材一般都以颜色特点命名，例如前几篇所述紫檀木、黄花梨木、红木等，另外，乌木、铁力木也是以能够想象出的颜色命名，唯独鸡翅木却以纹理命名，可见其木质纹理之美丽。鸡翅木家具存世量不多，却延续了明清两代，直到民国，仍受文人墨客、达官富贾喜欢，故很久以来，拥有鸡翅木家具成为某些人的时尚。

鸡翅木家具极富传奇色彩，许多人弄不清其内涵，以讹传讹的现象时有发生。收藏者把道听途说的知识饶有兴趣地传播，使鉴别、欣赏鸡翅木家具完全成为个人感受，而这种感受又因人而异，无法上升到理论，久而久之，使鸡翅木家具蒙上了一层神秘的面纱。

从存世品看，鸡翅木家具的制作年代跨度极大，由明至清至民国，其风格也因地域不同、年代不同而多种多样。明式鸡翅木家具中，相当一部分的做工与黄花梨木家具一模一样，远观造型则无法分辨其材质。清式鸡翅木家具的地域性特点十足，明显有别于明式。民国以后，文人的推波助澜，使鸡翅木家具的地位一直不衰，但造型与式样却耐不住社会低俗的需求，在迎合市场中，鸡翅木家具已堕落到徒有其名的地步。

由于鸡翅木家具生产年代跨度大，所用材质一代一代地替代，故分辨它时很难找出一个统一的标准。纹理中，鸡翅木有清晰排列整齐宛如羽翅张开者，也有丝缕细腻变化不多者；色泽上，有灰黑无光令人迟疑者，也有黑黄相间一望便知者；仅以材质本身而言，文人与商人一道，为苦苦寻求各类鸡翅木付出了大量劳动。鸡翅木家具的数量远不如紫檀、黄花梨、红木家具多，但其名气之大，似乎与其身份不符，这就是我们常常感到困惑的原因。

鸡翅木家具在明清家具中比例很小，但个性十分突出。它不像黄花梨家具文人化倾向那样明显，也没有紫檀家具那样沉穆雍容，鸡翅木家具周旋于文人与商贾之间，迎合着高雅与低俗。因为如此，鸡翅木家具风格迥异，适应着社会各个阶层的需求。

在家具设计中，把木质纹理因素放在首要位置上的，只有鸡翅木。黄花梨家具重造型，紫檀家具重雕工，鸡翅木家具重纹理。后者这种非人工因素的展现，是中国古代家具设计理论的闪光点，也是每个收藏者应该注意的。

◀清中期 鸡翅木卡子花梳背椅 观复博物馆藏

74. 铁力木家具的收藏

铁力木家具在明清家具中一直充当着默默无闻的角色。它的存世数量不能算少，但在有关专著中，其数量总是控制到最少。尽管专家学者们对它不乏赞美之词，可实际上，铁力木家具的地位一直很低，得不到应有的重视。铁力木家具在硬质木材家具中价格最低廉，史书记载，南方一些地区多用铁力木盖房。这在其他硬木家具用材中是没有的。

在明式家具中，铁力木家具以其厚重拙朴的风格表现自己。铁力木树种高大，故大料易得。铁力木家具常见宽厚无比的独板，制成的条案雄伟壮硕，蔚为壮观。

在明清两代的家具中，都能寻到铁力木家具的实例，以明式风格为多，即便清式风格也多为清早期的。清代中叶以后，优秀的铁力木家具急剧减少，甚至不见。这并不是因为它依赖的原料告罄，而是因为较为复杂的社会原因。

所有古代家具的做工都受木质本身限制,这已成为不争的法则。

在古代，木质自身的物理性虽没有科学数据，但工匠在长期的实践中，慢慢知晓了木性。如何利用它，工匠与文人一同摸索。把握每种木质的内在性格，是保证家具成功的前提。

铁力木，也称铁梨木，原生中国最南边，广东和广西均有，用材可细分为两种：粗丝铁力木与细丝铁力木。在硬木家具中，铁力木属最易辨识的木材，在历史上价格一直不高，所以至少到10年以前，铁力木尚没有黄花梨、紫檀、鸡翅木等名贵木材常遇见的作伪问题。

古人对铁力木家具的理解以及认识比我们深刻。今人对铁力木家具长期赞叹不已，但又认为铁力木家具不够名贵，收藏者便敬而远之，少有购藏欲望。研究者对大众关心的课题蜂拥而至，而对铁力木家具则捎带而过，不做深究。这些至少表明了我们的不成熟与欠缺。我们知道，构成家具审美的因素有很多，历史上的很多因素我们现在可能还不知晓。观察家具上的每一个细节，都可能对我们了解过去中国人的生存状态有所帮助。铁力木家具所反映出的生活哲学，大致是一种朴素的生存观，在较低的物质基础上取得较高的精神收获,利用有缺陷的条件创造出近乎完美的享受。但非常遗憾，这一点最容易为今天的收藏者所忽视。

▲ 清代　铁力木夹头榫大画案　观复博物馆藏

75. 核桃木家具的收藏

核桃木家具几乎是山西独有的家具，尽管其他地区也有发现，但都没有山西地区那么集中、那么优秀。中国古人对家具的制作怀有敬意，认为家具是家庭中仅次于房屋的财产，要传宗接代，不可轻视。山西地区盛产核桃树，有的树龄达几百年。核桃树到晚年以后，结果率低，故自然被淘汰制作家具，顺理成章。

核桃木纹理细腻，不如榆木纹理那么清晰通畅。它的纹理含蓄，若隐若现，与之微黄的颜色相匹配。核桃木坚硬而致密，分量适中，性韧，不易开裂，受刀凿雕刻，与楠木有近似之处。核桃木的缺点是，木材内芯与外皮有色差，内芯呈深棕，外皮呈浅黄，色差度有时极大，做成家具后不是所有人都能接受的。

山西的核桃木家具品种极多，生产制作年代跨度也大，从明至晚清甚至民国应有尽有。明式核桃木家具中有许多与黄花梨家具一模一样，制作精良不可挑剔。明式家具中的细微精彩之处，核桃木家具都注意到了并有所表现，这在北方其他乡村家具中十分罕见。

清式核桃木家具大都与宫廷或城镇家具明显不同，其乡村风格浓重。在晋商文化的影响下，文人化倾向的明式家具迅速被商人淘汰，取而代之的是充满了商业符号的清式山西家具。它的主要特点是，世俗文化符号增加，比如饰以钱纹、谷纹等与财富有关的纹饰，比如嵌骨、嵌石等露富的工艺手段，这些都表明文化在商业发达地区的可逆性。

山西家具在10年前从未有人提及，因而对它的认识一无所知。这些年，文人的研究，商人的投入，使山西家具这一课题在中国古代家具中举足轻重。许多历史上的误解，在山西家具中得以澄清，比如过去认为黄花梨家具只有苏州是其唯一的产地，通过商人们的开掘，发现此观点大谬，山西黄花梨家具与核桃木家具同宗同祖，毫无二致。尤其山西核桃木家具中有非常高古者，其形制古拙可以推至明初，但这类家具毕竟是极少数，并不像许多人误解的那么多。一件家具，正常使用500年是件不得了的事情，幸亏山西极好的地理和人文条件提供了可能，才使我们今天能得以收藏并从中获得乐趣。

◀ 明晚期 核桃木香几 观复博物馆藏

76. 榉木家具的收藏

榉木为江南特有木材，至今仍有榉树在江南分布，最优秀的榉木家具大都出自苏州。苏州工匠展现名贵良材黄花梨、紫檀时身怀绝技，遇见榉木这样本地良材也得心应手，而且在更长的时间里，榉木成为当地主角，组成了一台有声有色的地方大戏。

榉木家具的制作年代较长，由明至清甚至民国仍在生产，与其他家具一样，现存优秀的榉木家具仍是明至清前期生产的。我们已知道，明式家具在施工手法上重视结构，在装饰上则追求朴素。在这样的前提下，家具的制作可以分解成若干符号，早期的做法与中晚期明显不同。

榉木家具不像黄花梨、红木等家具有着明显的时间跨度。最多至乾隆中期，黄花梨木料告罄，明式黄花梨家具到此戛然而止。多年以来，少有发现嘉道以后生产的黄花梨家具，即便偶然出现，也是旧料改制。而红木是在黄花梨木退出以后的一段时间里，才缓缓登场的。黄花梨木到红木之间，明显有着断层，这就是为什么黄花梨家具与红木家具在风格追求上从未有过一致的缘故。

历史给了榉木一个施展才华的机会。优秀的苏州工匠不会因黄花梨木告罄就停止生产，他们主动用本地的良材——榉木来代替黄花梨木，扬长避短，也满足了市场的需求。这一时期，处在明式家具与清式家具的交替时刻，不少兼有明清风格的优秀家具都是这个时期的杰作。对于苏州工匠，这一时期不会太短，乾隆中期以后，高档家具市场黄花梨木锐减，红木又没能跟上，榉木在空隙中大显身手，有相当一批榉木家具兼有明清两式风格，而这样的家具在黄花梨木或红木中又见不到。这类家具，为榉木家具所独有，也是它独具魅力之处。

榉木的辨识应该说不很困难，以肉眼观，少有木材与之类似。榉木的纹理清晰，没有拖泥带水之处。榉木常见大材，因而木材质地匀称，纹理流畅。榉木家具中常见独板为案者，宽尺半、长丈余属于平常。榉木纹理美丽，故工匠就有意识地加以利用，柜门一般都是独板，厚板一剖为二，翻转为左右两门，塔形纹最佳，俗称宝塔纹。双宝塔纹柜门为柜中上品。

承前启后是榉木家具最重要的内容。榉木家具与黄花梨木、红木家具都有着密不可分的关系，探清黄花梨木、红木家具之间的断层，只能依靠榉木家具。优秀的榉木家具具备了明清两代的某些特点，几百年间，榉木家具与黄花梨家具、红木家具共生共荣，甘当时代的配角，以其顽强的活力静观黄花梨家具的消亡、红木家具的崛起。在它们登台转换的间歇，榉木家具不温不火，仍在浅吟低唱，使家具不至于冷场，立下汗马功劳。不知今天的收藏者们是否注意到这一点。

▶明代　榉木瓜棱腿面条柜　观复博物馆藏

77. 楠木家具的收藏

楠木家具的存世量相对较小，因而世人对它的认识较为模糊。楠木不属于硬木，分量适中，但它的名气很大，尤其人们常提及的金丝楠木，似乎与宫廷有着不可分割的关系。比如承德避暑山庄的楠木大殿，又比如被新闻界炒得沸沸扬扬的天安门城楼的楠木立柱。

楠木是大型乔木，粗者树径可达一米以上。生长在我国云、贵、川等潮湿山区的原始森林中。楠木性温和，在家具使用的良材中是性情最为稳定者，即使很薄的板材遇干遇湿都能保持原本状态，极少会开裂变形。过去最讲究的碑帖、书画册页的装裱，封面和封底就是选用的这种木材。楠木纹理细腻通达，常呈现虎皮纹理，观之极为美丽。遇阴天时，楠木还会散发隐隐香味，若有若无，并能保留数百年。楠木颜色收敛，刚剖开时呈金黄色，尤其金丝楠木，迎光看闪着金丝，煞是好看。搁久之后，色泽温润，由金黄变为略带灰青色，语言很难形容。楠木还有一个隐形的优点，就是不易虫蛀也不易腐烂。

楠木作为家具良材具备如此多的优点，因而宫廷多使用它也不足为奇。由于楠木的特性，皇帝及王公贵族在过去寒冷的冬季，多使用楠木床，以避其他硬木带来的阴冷。

楠木家具的地域性特点不足，北京、山西、安徽、江南苏杭等地楠木家具时有发现，品种大同小异，细品略有区别。北京是皇家所在地，王公大臣效仿宫廷顺理成章。另外，光绪帝大婚时还专门定做过一大批楠木家具，后大部分散落民间。山西古家具是北方的最大流派，楠木与当地最常用的核桃木有近似之处，但等级高出一等，故有人刻意追求楠木以显身份。安徽所出楠木家具，精巧别致，文人气息极浓，显示出徽州文化的底蕴。而苏杭地区发现的楠木家具则形制标准，与明清优秀的标准器相同，少有创新。

留心楠木家具的产地就可以发现，楠木家具大都产于中国古代家具最讲究的地区，而且分布均匀。中国古家具所用良材异地性强，不像乡村家具所用良材本地性强，以此判断楠木在当年也会经长途运输至南北方各地，充当名角登场。所以凡楠木家具基本都为优秀作品，道理也极简单，良材必定选择良工。

楠木细分有若干种，除最佳者金丝楠木，还有细纹楠木、紫楠等，这是植物学问题，对一般收藏者而言显得过深，不必追究。

▲ 清代　楠木雕云鹤纹大柜（对）观复博物馆藏

78. 榆木家具的收藏

过去北方乡村家具以及城镇一般人家使用的榆木家具最多。榆木为落叶乔木，树高大，遍及北方各地，尤其黄河流域，随处可见。榆木纹理通达清晰，硬度与强度适中，一般透雕、浮雕均能适应，木性坚韧。所以，北方家具以榆木为最大宗，有擦蜡做，也有擦漆做。

榆木以肉眼区分，有黄榆和紫榆。黄榆多见，木料新剖开时呈淡黄，随年代久远颜色逐步加深；而紫榆天生黑紫，色重者近似老红木的颜色。由于这两种榆木的色差明显，工匠会利用其长分色制作家具，比如以黄榆作框架，以紫榆作芯板，效果非常好。

榆木家具在北方分布均匀，与其他材质共生，山西、山东、河北、河南等古家具大省随时可见榆木家具的踪迹。榆木家具制作年代跨度也大，从明早期至清晚期从未停止生产，其演变过程、地域特点都非常清晰。早期的榆木家具以供奉家具为主，比如供桌、供案，形制古拙，多陈设在寺庙、家祠等处，因而才能保留至今。

从品种上讲，榆木家具几乎囊括所有家具品种，坐具、卧具、承具、庋具应有尽有：坐具中的各类椅子，如圈椅、官帽椅、南官帽椅、玫瑰椅、灯挂椅甚至交椅都有非常上乘者；卧具中榻与罗汉床常见，但架子床罕见，这是因为北方人习惯睡炕的缘故；承具中的桌案，从一腿三牙的方桌到夹头榫、插肩榫的条案，由明至清结构少有变化，只是装饰有所改变；庋具中的柜子，清式以顶箱大柜最为普及，表明清式家具中重实用功能的一面。

北方榆木家具仍以山西家具最为优秀，河北、山东、河南等地均不如山西家具成熟，由此可见商业发达地区对文化的影响，优秀的工匠显然会向商业价值高的地区集结，以获得最大的经济效益，而这种行为反过来又成全了该地区的艺术成就。

从工艺上讲，榆木家具良莠不齐，有造型精美、制作精良者，也有乡间俚俗的“怯做”。榆木家具透着一股极为质朴的生存原则，本地文化烙印清楚，表现坚实，讲究实用而不过多计较其他。这就使北方的榆木家具没有南方家具那么多细部装饰，多多少少像北方人和南方人的性格区别：南方人细腻，北方人粗犷；南方人浅斟低唱，北方人豪饮高歌。对于收藏者，只有充分了解这些，才可能收藏到榆木家具的优秀之作。

▲ 明代　榆木直棂格罗汉床　观复博物馆藏

79. 漆家具的收藏

中国古人使用漆的历史很长，河姆渡文化就发现了原始漆器，距今已经7000多年了。漆的本色单调，呈深棕色，反复髹饰后漆层加厚，呈现近乎黑色，故有“漆黑一团”之说。如在漆中加入朱砂，呈现朱红色，是早期漆器的基本色调。所以我们今天可以看到的战国至汉的漆器大都是黑红两色。

元代以后，漆制家具开始增多。进入明朝以后，尤其明中叶，漆制家具争雄斗艳，剔犀、剔红、剔彩、款彩、彩绘等工艺大量使用在漆家具上。迄今为止，凡带有明朝款识的家具，大都是漆制家具。

漆制家具工艺复杂，厚漆类家具纹饰大都以刀刻出，纹饰类有剔犀，也称云雕；图案类有剔红，山水亭台，花卉鸟兽，这些都是在反复髹成的厚漆上雕刻；款彩则不然，披麻挂灰后髹漆，在灰层施以刀刻，然后再填以彩漆，构成图案；彩绘与上述工艺不同，不用刀刻，用笔绘制，表现力尤为丰富。这些漆工艺家具属高档作品，一般用于宫廷，至低“下嫁”王公贵族，普通百姓与之无缘。但民间仍有大量明清漆制家具，主要为单色家具，复色家具也有发现。这种漆家具俗称大漆家具，在古家具领域独树一帜，自成一派。

明清时期，大漆家具在北方黄河流域流行。大漆家具与晚清以后的擦漆家具工艺截然不同，表现力也不同。大漆家具以表现漆的美感为目的，完全放弃木材的表现力，它在制作好的家具上披麻挂灰，厚者可达数毫米，然后再在打磨后的灰胎上髹漆，反复数道甚至十数道，以凝重的色调取胜。而擦漆家具要兼顾木材纹理的表现力，透明的漆下还要让木纹显现，所以髹漆较薄，也不挂灰，这种擦漆家具对家具木材有纹理要求，北方最常见的就是榆木擦漆家具。

由于大漆家具与擦漆家具工艺上有差异，对木胎的要求也不太一样。大漆家具中杉木、核桃木、榆木都可见到，而擦漆家具基本上只使用榆木，因为榆木的纹理最为清晰。北方大漆家具以黑色为多，红色少见，黑红两色复色处理的偶见。大漆家具在使用几百年以后，出现断纹，尤为美丽，是收藏家追求的对象。

过去很长一段时间，我们对漆家具，尤其大漆家具并无研究，也不重视，使很多大漆家具作品流往国外。近些年，受西方市场的影响，国内一些有识之士悄悄捷足先登，人弃我取，花钱不多，收获不小。

▲ 清早期　款彩“大富贵亦寿考”十二扇屏风　观复博物馆藏

古家具收藏秘籍

80.

古家具收藏之风始于西人。尽管清末民初的收藏大家中不乏收藏者，但均未以此为主业，附带家中摆设，以图氛围。而西人则以此为重，大规模地漂洋过海，陈列于豪宅大院、博物馆中。1944年，德国人古斯塔夫·艾克著书《中国花梨家具图考》，为其设立了第一个里程碑。1970年美国人安思远又著书《中国家具》，再度将中国古代家具以图录昭示，反映了西人的艺术价值观。这两个时期，前者中国正处在内忧外患、战争尚未平定之时，后者则处于“文化大革命”的连天烽火之中，国人显然无暇顾及。1985年，中国人王世襄将其大著《明式家具珍赏》出版，姗姗来迟的家具研究才悄然推动了国人有意识的收藏。

仅30余年，国人对传统家具的态度调转180度，从蔑视到重视，弹指一挥间。对古家具的认识，也从一无所知到头头是道。每个藏家都兴致勃勃地将道听途说的经验添枝加叶地渲染，蔓延开来。

首先是对木材的认知。广为流传的传统硬木家具是由紫檀、黄花梨、鸡翅木、铁力木、红木等优质良材制作的，但30年前分辨其类让每个人都大伤脑筋。当藏家知道紫檀为王时，用酒精浸泡成为辨识此物的法宝。那时，每个商人家中都备有一大瓶酒精，以备做生意时验明正身。此招至今广为流传。殊不知，许多不是紫檀的木材也有近似紫檀木屑在酒精中的“云山雾绕”。

黄花梨家具是西人的最爱，辨识黄花梨是当时商人的基本功。由于使用环境不同，黄花梨可能近乎紫檀，也可能近乎红木。20世纪80年代到90年代初，这道难题一直困惑着许多商家。今天已成为祖国各地区的大商家，当时都有“走眼”的痛苦经历。

红木家具存世量极大，铺天盖地。从中去粗取精、去伪存真是每一个喜爱者必备的功夫。南北地区差异，时代风格变迁，都使红木家具千变万化、优劣难分。当时许多库房中的红木家具堆积如山，今天回想起来觉得不可思议，它们都上哪儿去了？

为了叙述方便，我将古家具收藏分为三个时期：第一个时期为民国至1985年；第二个时期为1985—1995年；第三个时期为1995年之后。

第一个时期，除中国的少数收藏家外，如肖山朱家，北京费家等，西方藏家蜂拥而至。当时的收藏标准是家中的精绝之作，漆家具价值远高于其他家具。今天在美国大都会博物馆、美国费城博物馆、英国大英博物馆、法国吉美博物馆中都可以看到精美的漆家具，这都是这一时期流散出去的。至于硬木中的紫檀、黄花梨家具，也有不少漂流在外，无法统计。

第二个时期，是中国古家具流动最快的时期。仅10年时间，成千上万的优秀中国古家具以奔涌之势流向境外。由于国内刚刚改革开放，百姓们都奔向新的幸福，对古老的家具弃之毫不心痛，致使古家具收藏的最好时机丧失。西人却在这场变革中大大受益，境外的中国古家具的收藏家基本上都在这一时期完成了收藏，包括美国加州的那座知名的中国古典家具博物馆（1996年在纽约将其全部藏品拍卖，大获成功）。

第三个时期，中国开始有了自己的拍卖行。古家具在拍品中虽数量寥寥，但影响非凡。残存在大街小巷的家具身价立刻倍增，国人自己开始注重家具带来的乐趣，注重古家具中蕴含的巨大财富。几百万元一件的家具让国人目瞪口呆。价格的飞速上扬，从客观上保存了一大批家具留在本乡本土。

由于信息业的发展，今天世界各地的拍卖均在同一起跑线。国人可以通过电话将远在万里之外的对手击倒，将心爱之物收入囊中，但前提是得预备足够的子弹。在这场争夺财富的战斗中，西人与国人侧重不同，往往打不起来，使许多学者认为的重器依然滞留海外。国人的收藏热，还停留在初级阶段，肤浅、势利、缺乏远见卓识。今后是否涨价似乎是收藏的唯一标准。

说穿了，古家具的收藏标准仅有两点：优与劣，真与伪。优的标准在早期收藏中由文人制定，后期收藏则由商人制定。这就是收藏中不可避免的雅俗问题。古家具自身的文人化倾向是它的生命线，换句话说，古家具有今天的艺术成就，是古代文人的功劳。体会古家具的优劣应多读书，多看展览，多问专家。

真伪问题是每一个入门者的大敌。几乎每一个藏家都上过当，行内人把上当称作“吃药”，形象而幽默。中国人的作伪功夫天下第一，匪夷所思。作伪手段高明，层出不穷。这些手段非专家不能辨识，古家具行业中的高手公认全世界有此能力者不过百人。尽管如此，新人也不必担心，有的是招。用心比用眼灵，思考是人类独有的本领，多想一会儿就可以茅塞顿开。

用一篇这样的短文来说明古家具鉴定会误人子弟，谁也不可能用三言两语说清这么复杂的鉴定问题。我与许多爱好者聊天，发现每个人都把“包浆”挂在嘴边，似乎成了鉴定古家具的灵丹妙药，“包浆”决定了一件古家具的生死，那我就从“包浆”说起。

严格说，“包浆”一词未见辞书，有写“宝浆”的，还有写“保浆”的。无论何种写法，这个术语出自北京木匠之口。已经谢世的北京鲁班家具馆的老师傅们统称“宝浆”，可理解为“闪着宝石一样的光泽”。“包浆”是音变造成的，北京话中音变现象严重，很多时候成心音变是行业的专利。“包浆”也可以从字面上牵强地理解为“包围着一层浆水”。过去洗完衣服,讲究人家都将衣服“浆”一遍,以保持挺括。

“包浆”一词南方人不说,对应地说“皮壳”。皮壳的叫法害了北方人,北方人从字面上认为皮壳是一层很厚的物质,壳的本义就是如此。可南方人对“壳”字的认识没有北方人那么强烈,同样的东西,南方品种往往比北方品种轻薄,比如核桃。

无论叫“包浆”,还是叫“皮壳”,目前都成为商家及收藏家的口头语,无论是否真正懂,每个人都兴致勃勃地谈“包浆”和“皮壳”,以为古家具收藏的秘籍就在于此。

尽管用文字表达“包浆”(“皮壳”,以下略)有相当的难度,我还是愿意先写下来,让每一个热衷此道者有一个理论基础:“包浆”是古家具良材长时间置放在空气中,表面形成的一层带有角质特征的氧化层。这个定义说起来绕嘴,但十分准确。“包浆”与污垢无关,注意定义表述,是氧化层。如果去故宫参观,看那些一尘不染的宫廷家具,就可知定义的准确与重要。

目前的问题是,大部分人都把污垢当作“包浆”,买回家后舍不得清洗污垢。许多新藏家对我说,看着那些肮脏的宝贝家具,心里总不舒服,可又不敢清洗,生怕洗新了。

我可以非常负责任地讲,一件真正的古董家具,任凭你怎么洗,也洗不新。如果一洗就新了,那一定是件赝品。过去,人们把一件古家具弄到手，头一件事就是洗干净，熬一盆火碱，褪去污垢，然后修复上蜡，重新保养一遍。可现在人们的误区是，家具不能动手清洗，任凭它在家摇摇晃晃，污垢满面。

如果有机会，每个藏家都应该去世界各地的大博物馆去看一看中国古典家具，无一例外都是干干净净的，在那里向观者说明中国古人高雅文明的生活。全世界各大拍卖行创下天价的中国古典家具，也无一例外的都是一尘不染者。而我们身在中国古家具的故乡，却把这样一个谬误以讹传讹，给了作伪者极大的机会。

所有的作伪者都把握住了藏家的心理，在所谓“包浆”上下功夫。他们理解的“包浆”，正是欲盖弥彰的手段。近几年，“包浆”无论在南北两地，作伪高手已有办法以假乱真，鱼目混珠。其程度使高手中的高手也需时日观察方能得出判断。有一点可以把握清楚，10年之内，当这类污垢“包浆”彻底“过关”后，有污垢的家具一定没人要，必须先洗干净再说。

反而干净的古家具对于高手来说，十分容易判断，有修有配，一目了然。目前尚没办法掩饰修配过的干净家具。大行家都愿意辨识干净家具，简单而准确。

“包浆”的辨识需要一段时日磨炼，有以下几点要注意。

(1) 观察木材纹理，色泽是否自然。木材若有修配，在纹理及色泽或多或少地都会存在差异。另外，修配及作伪都要染色，观察色泽是否为浸染所致。

⑵ 注意表面风化程度。家具使用条件不同，其风化程度也会不同。另外，同样一件家具，靠墙面、正面、上面和下面都会存在风化差异，观察这个差异是否自然，如有人为痕迹就要小心。木材的风化是长期使用的结果，木材表面因纹理而产生的软硬不同，故风化现象随之产生。形象一点讲，如果把自己的眼睛当作放大镜，就可以理解貌似平面的木材风化现象。

⑶ 注意接缝、拐角等连接处的细部。这一点也十分重要，许多作伪家具多搁几天，就会出现收缩，露出新茬的地方令作伪者防不胜防。这一条在北方尤为灵验。

“包浆”看习惯了就会变得十分容易。打个比方，新买的牛仔服无论怎么做旧也是新的，而穿旧的衣服，洗得再干净也是旧衣服，哪怕洗一次也能看出，这就是长期接触的结果，俗语说熟能生巧。

“包浆”的确是古家具收藏的秘籍，一旦掌握，问题迎刃而解。但入门时的基础千万要打好，观念要正确。一个名牌医科大学毕业的学生，再加上多年的实习，成为一名好医生并不难；难的是江湖游医，学习不系统，又热衷巫术，不闹出人命才怪呢！

中国古典家具收藏在收藏门类中属容易入门者，稍加用心，就可以大有斩获。要命的问题是：一要戒贪，二要戒懒（不学习），三要戒旁门，四要戒左道。成功和失败的差异在于是否树立正确的收藏观念，这是每一位成功的收藏家的必修课。

▶
包浆

茶当酒

81.

我没能亲耳听见毛泽东主席在天安门城楼上宣告中华人民共和国中央人民政府成立，但我却能感到在现场聆听这一伟大声音时每一个人的那份激动。我没有经历过旧中国那民不聊生的日子，也没有经历中国近代史上腥风血雨的战争，却能感受那时生活的苦难和战争的残酷。我们这一代人比上一代人幸运，因为我们与共和国一同成长。

生于20世纪50年代的人，最初的记忆一定是热火朝天的大干社会主义，大人们都在忙着建设新中国，情况的确也是如此。幼年的我清晰地记着老师领着我们参观人民英雄纪念碑、人民大会堂、中国历史博物馆,那些宏伟的建筑至今仍是新中国建筑史上的丰碑。

新中国10年大庆的时候，北京为此建成了十大建筑，这十大建筑中，有五座博物馆——中国革命博物馆、中国历史博物馆、中国人民革命军事博物馆、全国农业展览馆、民族文化宫，这些博物馆反映了新中国人民对文化与历史的需求。

中国人是有博物馆情结的。我想，这里的原因很复杂，但100多年来，西方列强对富饶祖国的掠夺，深深地伤了中国人民的自尊，这一点是根本原因。中国人民站起来了，只10年工夫，让全世界看见一个朝气蓬勃的新中国，让中国人自己建立一个“我们一切都能”的决心。

很多前辈为之努力，为之奉献：张伯驹先生在新中国成立后将重金购买的展子虔《游春图》等国宝捐献给故宫博物院；朱家溍先生将祖辈价值连城的收藏也捐献给国家；梁思成先生为保护北京古城奔走呼吁，令人感佩。这些从旧中国走过来的知识分子，对中国文化有着深刻的了解，有着深厚的感情，有着一颗赤子之心。

我们的文化基因构成了我们文化的绚烂。我们的基因是什么呢？就是汉字。当我们的先人在龟甲上刻上第一个字时，没想到它能够跨越数千年，将信息传达至今日。我们幸福啊！能与祖先沟通。一个美国汉学家对我说：“你们中国人太幸运了，能看懂几千年前的文章，而英文却不能。”原因是：我们的汉字是表意的，英文是表音的。人类的声音一直在改变，人类的情绪一直在延续。

比如我们常说的“智者乐水，仁者乐山”出自《论语》；“皮之不存，毛将焉附”出自《左传》；“修学好古，实事求是”出自《汉书》。至于出自《诗经》的“关关雎鸠，在河之洲，窈窕淑女，君子好逑”，今天读来依旧亲切。古人的智慧，通过文字的积累，铸成丰碑。

中国字，字形、字音、字义，三者一体，在世界范围内独一无二。漂亮的中国字每字有音，有四声，平上去入，抑扬顿挫。杜甫有诗："两个黄鹂鸣翠柳，一行白鹭上青天。"对仗严谨，平仄悦耳。黄、绿、白、蓝，四种颜色，一幅画面。上句满足听觉，下句强调视觉，描绘内容如此丰富，调动感官如此愉悦，只需14个汉字。

联合国有6种官方语言——阿拉伯文、中文、英文、法文、俄文、西班牙文。凡文件都必须同时出具这6种文字的版本，具有同等效力。在这6种文件中，中文文本永远最薄。这表明了中文非凡的表达能力。

我们常说"国家"，"国家"二字，"国"是"国"，"家"是"家"。"国"字的繁体字，中间是个"或"，"或"与"域"通假，"域"是疆域，把疆域框起来就是国。简化字将"国"中之"或"改为"玉石"之"玉"，古已有之。大英博物馆藏有一个著名的宋代瓷枕，上面写着"家国永安"，这个"国"就是简化字。古人将疆域的"域"改为玉石的"玉"，想必认为中国是一块美玉。

再说"家"。中国人一般询问对方，都说："你家有几口人呢？"而西方人都说："你家有几个人？"我们为什么说"口"呢？是因为解决吃饭问题自古以来就是头等大事。古代中国，人口增加表明国家强盛。今天，我们成功地解决了老百姓的吃饭问题。我早年在农村的时候，还常常看见农民们吃不饱呢。那时我自己吃一顿好饭，还津津乐道地说上几个星期呢。这个“家”字，实际上就是房子底下养了猪，解决了吃的问题。

自甲骨文起，金文、大篆、小篆、汉隶、魏碑、唐楷，无论汉字随时代如何演变，在国人眼中，日还是日，月还是月，山还是山，水还是水。稍加学习，任何人都可以看懂这些简单的汉字。

秦始皇统一汉字，功德无量。过去说书先生老说：“天下大事，合久必分，分久必合。”中华民族无论历史上怎么分裂，最终一定会统一。这缘于汉字的凝聚力。我们得感谢秦始皇，在汉字的文化基因下，中国人走到哪里，尽管发音不同，凭借汉字仍可有效沟通。新中国成立初期，立刻推广普通话，也功德无量。今天，我们走到祖国任何一个地方，都可以用普通话交流，畅通无阻。而在我年轻的时候，走南闯北时，还常常发生语言不通引发的笑话呢！

我们的文化曾经给我们带来过什么呢？自汉代起，唐、宋、元、明、清，我们的祖国曾数次成为世界最强国，为世界文明进程做出了巨大贡献。凡是那时来过中国的外国人，都惊叹中国的文明程度，意大利人马可·波罗盛赞那时的中国繁盛昌明、工商业发达、城市繁华热闹，《马可·波罗游记》使每一个西方人都对中国无限神往。

可是，19世纪以来，仅百年的时间，由于种种原因，我们开始衰落，积贫积弱，一败再败。1840年的鸦片战争，1860年的英法联军火烧圆明园，1900年八国联军入侵，都将西方觊觎了许久的东方神秘大门打开，大肆掠夺。今天世界各国博物馆内的中国文物，大部分都是这一时期流失的。

这长达109年（1840—1949年）的痛楚，中国人不堪回首啊！我们曾错误地将挨打的局面归咎于文化的厚重，似乎中国人已背负不起。错误地将自己的文化视为落后，使中国人付出了沉痛的代价。我们一直在寻找新的出路，100多年过去了，蓦然回首，发现出路仍是我们的文化。

1995年10月，新疆尼雅出土了一件重要的文物，一块织锦的护膊，上面织有8个大字，隶书“五星出东方，利中国”。那可是汉朝啊！五星红旗的概念，新中国的概念，都还没有呢。可上天仿佛发出了一个预言，一个天意。查《汉书》有载：“今五星出东方，中国大利，蛮夷大败。”那么，五星红旗和新中国就不是偶然了。

今天，新中国走过了68年。老子在《道德经》中说过：“万物并作，吾以观复。”万物都在同时成长，我看着你们轮回。

新中国的成就，有目共睹。我们不能幻想，1999年就有今天的成就；也不能幻想，1989年，是今天这个样子；更不能幻想，1949年，当毛泽东主席宣布中华人民共和国成立之时，哐当一下子，中国人的生活就和今天一样富足。路，是一步一步走出来的，是中国人民一步一步走出来的。

我们今天可以自豪地说：“我们的灿烂文化，浩瀚无际，取之不尽，用之不竭。”今天的中国人，重新接受并享受这迟来的愉悦，重新把自己的文化置放在一个新的高度，这是一个人、一个民族、一个国家成熟的体现。

我们今天已清晰地看到文化的创造力和软实力。汉字的基因构成了我们灿烂的文化，灿烂的文化为我们带来了生活的乐趣。传统文化为中国人民创造财富的同时，教育了国人怎样去尊重文化、善待文化。文化的魅力不仅仅是带给我们感官的愉悦，更重要的是带给了每一个中国人内心的尊严。

▶汉代『五星出东方』护膊　新疆博物馆藏

82. 观复博物馆之路

历史上的收藏都是富商巨贾、文人雅士的癖好，既耗资又耗神。耗资得到的是财富浓缩，耗神则是一种奢侈的精神享受。比如著书立说，最终会留下一份文化遗产：北宋欧阳修（1007—1072）的《集古录》，吕大临（1040—1092）的《考古图》；南宋赵明诚（1081—1129）和李清照（1084—1155）的《金石录》；明代屠隆（1544—1605）的《文具雅编》，董其昌（1555—1636）的《骨董十三说》，文震亨（1585—1645）的《长物志》等，都是收藏史上的皇皇巨著。

可惜古人讲究秘藏，由于文化原因及历史频发战乱，中国人讲究收藏秘不示人，"秘藏"成为中国人的收藏传统。尽管中国人有规模、有系统的收藏历史已逾千年，但中国人办博物馆却晚于欧洲一个半世纪，直到1905年，南通人张謇才筹建了中国第一家博物馆——南通博物苑，比后来的故宫博物院还早20年。

那以后，中国陷入动乱，民不聊生，外强的欺辱和掠夺，使中国文物以奔涌之势外流，直至新中国成立。抗日战争期间，故宫博物院为躲避战火，1.3万余箱文物从故宫神武门起程，先至南京，后至西南，分三路辗转，跨越两万里，历14年光阴，最终一分为二，一半在台湾，一半在大陆，至今都在两岸展出，以飨观众。

我记事起文物已成为神，谨供奉而敬而远之。“10年浩劫”让我目睹了人们对文物的仇恨，打碎砸烂，这让人百思不得其解，人与物为何那么大仇恨？正是这个长久缠绕的疑问，让我关注文物，悄悄收集。那时没有收藏意识，只是把人家不要的东西捡回来，有空时想想我们与古人器物之间有何不同，有何可以沟通。

一切都是年龄帮我的忙。我11岁“文化大革命”开始，21岁“文化大革命”结束，比我年长者遭遇浩劫，心有余悸；比我年幼者，此时未能成人，只喜新不喜旧。改革开放之初，倍感压抑的人们努力奔向新生活，而我收藏的黄金时代正式开始，大约有15年的时间，文物一直在谷底徘徊，直至1994年拍卖公司的出现。那段日子，文物是白菜价，甚至没有价钱。大部分人都急于变现，几元钱买个官窑瓷器，今天听来都是天方夜谭。中国人积贫积弱，战争加运动已逾100余年，少有人有心对祖宗的文化遗产感兴趣，而我只是在一片富饶的海滩上尽情拾贝，孤独一人而已。

这就是观复博物馆坚实的物质基础。1992年，我开始办展览，炫耀收藏，继而申请筹办观复博物馆。可惜那时我与政府双方条件都不成熟，拖了四年，到1996年10月，观复博物馆终获政府批准，成为新中国第一家具有法人资格向社会开放的民办博物馆。

我由一个个人乐趣开始收藏，由一个个人的好奇开始研究，至今著书若干种，发行数百万，全依赖赶上了一个好时候。我不比前人强，尤其不如前辈王世襄、朱家溍等先生家学渊源，文化深厚，只是我比他们时机好，又抓住了这个时机。这让乐趣逐渐演化为一个社会责任，办博物馆只是责任的具体体现，任重而道远。

我们进入了一个媒体时代，文化的广泛传播依赖现代媒体；我们进入了一个小康时代，百姓除去物质需求开始强调精神需求；我们进入了一个文化复兴的时代，百余年对文化的蔑视让我们觉醒，知道了文化是生产力，尤其传统文化是中国人最强大的生存动力。

中华民族文化5000年来从未间断，当然也不可能从我们这一代断掉。文化大发展、大繁荣是全民所需、人心所向。中华民族可以向全世界炫耀的是我们的文化，博物馆是文化炫耀最优越的方式，观复博物馆仅是加入其中的一员。

▲ 上海震旦博物馆　东西馆

书房之乐

83.

中国封建社会高速有效地运转了2000余年，很重要的原因是社会以文人为中心转动。“学而优则仕”成为层层统治者的必由之路。科举制度让每一位梦想成功的文人都看到了前途，让文人看到光明，从客观上保证了中国漫长的封建制度强大而坚固，这也就是中国的封建社会比欧洲封建社会长了1000余年的根本所在。

文人要好好读书，古代科举制度的严苛从数字即可看出。隋朝确立科举制到光绪末年废除，1300余年的时间内，中国只出了600多个状元，5万余个举人。平均两年全国出一个状元，一年仅出40个举人。这个数字让今天的状元、莘莘学子不寒而栗。

文人读书的经典故事有凿壁偷光、囊萤映雪、头悬梁锥刺股等，发奋图强可见一斑。文人的梦想除去学富五车，更多的恐怕是四壁图书的书房了。

这对历朝历代的文人都是一个奢侈。

书籍在任何一个历史时期，包括今天都是昂贵的商品。封建社会的印刷术较之今天十分落后，尽管历史上有毕昇，但仍难解天下文人之渴。藏书，以便随时方便可用，为其建房，就成了书房。

写书的书房与读书的书房有些不同。写书的书房工具书多，专业书多，闲杂书少。读书的书房则反之，注重怡情。早年我当编辑的时候，书房与客厅、餐厅、卧房共处一室，环顾四周，最乐的事就是看书。此看书非彼看书，是欣赏书的陈设，不是阅读。欣赏满壁图书之乐，我以为仅是文人之乐。后来发现，随着商业大潮，许多商人也有此乐，而且有些颇具创意。满壁世界名著、古典名著，整齐划一，气势恢宏。更有甚者满墙都是只有书脊的假书，如同砖头整齐码放，其优点是节省空间、节省时间（不用去读），比摆真书还多了一层质朴。

坦白地说，我书房的书有些也是摆设，虽前后淘汰过数次，依旧有滥竽充数者久久混迹于书架之上，一副道貌岸然的样子。小时候，读书乐趣最为高涨的时候，正是最没有书的时候，每抓到一本可读之书真的是废寝忘食。后来有了房子，赶忙亲手打制了一个书架，放上心爱的图书，其情其景其乐至今历历在目。再后来，才有了真正意义的书房。

用金属与玻璃做书柜是违背了我的初衷的。我向往的书房是黄花梨架格，紫檀书案，樟木书箱遇阴雨天一定要散发着香味。理想与现实之间存在差距，按古法打造书房得几百平方米，才能游刃有余地使用或欣赏。而目前的32平方米只能这样绞尽脑汁开发空间，8组7层，上下两层用时十分不便。书之重，常超乎人的想象，所以叠压的书柜一定要用有强度的材料方能胜任，金属支撑就缘于此种考虑。

人生会有许许多多遗憾，比如说没有书房时想书房，有了书房想奢侈；但这些遗憾比起精力下降、视力减退来说，已不算什么。现在每当我戴上花镜，秉烛夜读之时，最苦恼的是扛不住疲倦的诱惑，完全没有了年轻时夜读的兴奋劲。40岁以前，读书或写书到东方既白是家常便饭，而今天此时已是思绪混乱、字迹歪斜、心灰意懒了。

我模模糊糊记得康有为曾撰写过一个龙门对：读万卷书，赋万首诗，算称名士；供一瓶花，留一窗月，如对美人。我在想，哪一天我如能够建造这样一间书房，再重金购得此对，则余愿足矣。

我的书房

84.

故宫是一本大书

发现故宫的壮美是在一个冬日的下午。故宫已经开始静园，很快视线里就看不见人了。白雪覆盖的旧皇宫让人感到肃穆。我实在回忆不起来第一次是如何进入这座宫殿的，以至于要表达对故宫的敬意时感情受挫。

当然，也就无法统计去过几次故宫，几百次总是有的。这和在故宫工作的人相比微不足道，但对于我却十分重要。

我喜欢故宫。早年热爱摄影的时候，走进故宫，故宫的每一个角落都泛着古老的光辉，都在楚楚动人地诉说着诱人的故事。这种诱惑，至今想起来还心旌荡漾呢！

但故宫对我还有更大的诱惑。年轻时候的我，不知为什么突然喜欢上陶瓷，并一发而不可收。那时好像除故宫之外，看不见任何古陶瓷展览，书也只有一本《中国陶瓷史》。恰好又赶上故宫在“文化大革命”后再度向公众开放，买票随时可进，故宫的展览就成了我的教科书。那是一本真实博大的专业书籍，每时每刻都在向你展现，向你炫耀那辉煌的历史。

20世纪80年代的故宫陶瓷馆除重大活动，很少有人参观，冷冷清清。尤其冬季，紧裹大衣的工作人员手捧冒着热气的水杯，有时你进去他们都懒得看你一眼。千百年来先人的遗存都静静地躺在柜中，心中充满委屈。

展灯总是不亮的，大量的日光灯管都在超期服役，累得一闪一闪的。我现在倒是看不见这种闪烁的日光灯了，灯只在亮与灭之间选择，不再有忽明忽暗的尴尬。

隔着玻璃看陶瓷已是没辙的辙了，再加上不干活的日光灯，对我这样如醉如痴喜爱陶瓷的人来说，未免让人感到残酷。在漫长的一段时间里，这种状况没有改进。

我只好自我改进了。我咬着牙买了一个三节手电筒，这是件很奢侈的事情。那时没有多少人家中有这样大的手电筒，再说电池也不便宜呢！

三节大手电拿在手中不仅是重量压手，更重要的是体量硕大，拿在手中特别神气。我揣着这样的手电筒第一次进陶瓷馆的时候，当我摁住开关，一束银白的光束照在想看的陶瓷上，兴奋异常，大有擒获猎物之乐。

我从来没见过陶瓷馆的工作人员动作如此敏捷，一个箭步，飞身站在我的身边，并大声呵斥："你要干什么？"我心虚地说："我看不见！”工作人员说：“这不是看得见吗？用电筒干吗？”我只好解释：“你所说的看得见是指东西还在那里，是你们的职责；我所说的看得见是要看清楚每一个细节。”

工作人员狐疑地说：“看细节干吗？”我无法向其说明看清细节对我的重要性，也无法向他们解释清楚，那时还不好意思说自己在收藏，需要比对。

故宫这本大书，可供你随时翻阅。每当我遇见问题时，就会骑上车去故宫。时间久了，心疼买门票的钱，就以找人为借口，一钻进故宫就只奔陶瓷馆，流连忘返其中。

记住每一个细节是陶瓷鉴定的基本功，但在无人交流的年月，记住细节是件奢侈的事情。有时候我自以为记住的细节，一碰到具体问题就立刻变得模糊起来，心虚得不行，所有印象离你远去，像雾中朦朦胧胧的山峦，起伏蜿蜒，不见尽头。

这时，只好又跑进故宫，再次翻阅这本大书。故宫陶瓷馆的每一件展品，都在向你展示一个真实的过去，丝毫不走样。它们自信无言地待在那里，笼罩着冷冷的光。每一件陶瓷，无论是蒙着灰尘的仰韶彩陶，还是泛着幽光的清代官窑，都在讲述文明的进步，记录文明的历史。

我无数次带着陶瓷的疑惑进入故宫，又无数次带着解惑的喜悦走出故宫。所有的学习都会积累成果实，成为向人炫耀的资本。

记得有一年冬天，我在陶瓷馆看见一件展品，心中大喜。我叫来工作人员，那时已和她们混得很熟。我说："这件展品被人动过了。"她诧异地说："这不可能！"我又说："你肯定最近没上班。"她想了想说："我休了一星期病假。"然后她迫不及待去打了个电话，回来惊讶地说："是动过了，前些天拿去拍照。你是怎么知道的？"此时的得意只有我知道。

那时故宫的每一件展品常常会长久地陈列，无人去动。展出的条件很差，就是放在玻璃柜中，不顾参观者的意愿。对于陶瓷爱好者，一件器物的细节特征体现在每一个方面。那时的展览，既看不见底部，也看不见背面，何况很多瓷器本身也没有背面，哪一面都是正面。我看不到另一面，是心中的一块病，每次都竭尽全力在柜边柜角窥视，却常常无功而返。天赐良机，让我看到了这件藏品的另一面，是因为拍照后放回时，原来的背面成了正面！

我就是在一次次的观察中度过了美妙的时光，闭馆的广播声熟悉得像一支歌曲，尽管每次都是意犹未尽，但总会有收获。知识在于积累，积累在于磨炼，磨炼在于兴趣，兴趣使我跟故宫结下了不解之缘。

文明的坐标清晰地标出人类的进程。故宫的每一件文物都在向后人诉说，我们的先人曾有怎样优雅的生活，曾有怎样辉煌的文明。

我们在故宫，不仅能看到这些，只要静静地去听，还能听到一个伟大民族的自豪声音。

▼ 故宫文渊阁

85. 万物并作，吾以观复

我在2003年曾到美国演讲，从西海岸的西雅图市入境，然后去了中部的丹佛市、明尼阿波利斯市，后又到东部的纽约市、波士顿市，先后考察了十余家大小博物馆，感触颇多。美国人均占有博物馆的比例比我们高约25倍，仅以数量而言，我国要达到其比例，还需再建5万座博物馆，而目前我国的博物馆大小加起来只有2000座。

我国的博物馆几乎全为公立，私立只占约1%。美国现有的约9000座博物馆公私比例为4：6，私立占大多数。而公立博物馆许多还是多体制，甚至公私参半。美国博物馆业发达的原因有很多，尊重物权是其重要原因。

美国是个年轻的国家，建国仅241年，那时的乾隆皇帝却已经老了。美国人深知文化的重要性，深知缺乏文化的危害，所以在治国方略上对文化的引进网开一面，各类政策明显向文化倾斜。241

年来，事实证明了美国人的精明。他们具有了世界一流的博物馆群体，珍藏着反映世界各国文化的物证，不仅教育了美国人，还教育了踏上美国国土的外国人。

文化给人类带来的好处无法用数字来衡量。当人类告别了野蛮时代，文明就成为生存的必需。反映人类走过的轨道，展现人类有过怎样的文明，博物馆责无旁贷。博物馆是个外来词汇，具有强烈的公益性。中国人张謇办的第一家博物馆距今仅仅100余年。那时的中国，积贫积弱，正处在风起云涌的变革前夕，尚无暇顾及我们深厚沉重的文化，尚不知这样一笔不可估量的财富对我们会有何等益处。那时大多数中国人对古物的理解不外乎价值几何，对祖宗留下的最大的精神财富态度漠然。

纽约大都会博物馆二层环廊中陈设着中国古代陶瓷，环绕一周，就等于通读了一遍中国陶瓷史。美国人把博物馆如此重要的位置用来陈列中国陶瓷，表明他们对中国陶瓷的态度。他们深知中国陶瓷不仅对中国重要，而且对世界文明进程更重要。一部中国陶瓷史实际上就是一部中国历史。我每一次参观这个陶瓷陈列，民族自豪感都会油然而生。

观复博物馆是新中国第一家具有法人资格的私立博物馆，成立21年。这21年来，中国人对文物的态度发生了天翻地覆的变化。今天已没有人再漠视先人留下的这份珍贵的遗产，无论是经济利益的追求，还是文化价值的取向，文明的证物——文物都被今人置放在前所未有的高度。中国人开始对其高昂咋舌的价格津津乐道，传述一些天方夜谭式的故事。中国人在经济中开始对文化有所觉醒，在文化中懂得了经济规律。文化对经济的决定性作用使中国人不再敢轻视文化，更不敢轻视文物。

于是博物馆成了大众的香饽饽。我们终于在博物馆中看到拥挤参观的人群。高品质的博物馆门可罗雀的现象已成为历史。观众如饥似渴地要了解我们自己的文化成就。21年来，观复博物馆的留言簿上，我们发现发自内心的感受多了，大话套话少了，观者以真实的感受给了我们信心，使我们在艰难的路上获得温暖与欣慰。

对于我，这些年的艰辛与快乐不言而喻。我们赶上了一个好时代，使本来没有能力办博物馆的我如愿以偿。尽管风风雨雨，观复博物馆依然成长起来。我在想，怎样使它能健康发展下去，使它不因个人变故而变故，使它永远保留在社会上。

当我离开美国的时候，美国博物馆的务实精神使我茅塞顿开。体制决定了博物馆的兴亡，个人太渺小了。博物馆的理事会制度化是它永久生存的必备条件。个人已无权对它的生死做出决定，一个对文化有着向往、对社会有着责任的群体才是它的主宰。

▼ 观复博物馆

86. 风光琉璃厂

琉璃厂一听名字就知道是烧琉璃瓦的地方，不太像一条街道的名称。永乐皇帝决定迁都北京时，盖皇宫少不了琉璃瓦。当时的人环保意识差，加之古时运费成本高，所以琉璃厂选址紧靠内城，出了和平门就到。

琉璃厂烧造的琉璃构件基本上都供应建造皇宫。当然，北京周边的清代建筑也少不了用它。琉璃构件以琉璃瓦居多，以黄为主，间有绿、蓝、黑等色。明中叶以后，北京城的皇家建设已具规模，大兴土木变少了，烟火不旺。至清，也就剩下皇宫修修补补所需的零星构件，琉璃厂生产开始萎缩。

清顺治入关，康熙帝8龄践祚，至康熙二十三年收复台湾，开放海禁。国人的生活条件得以改善，衣食无忧者多了起来，追求生活乐趣者就盯上了古董。商贾嗅觉历来比常人敏锐，到处淘换古董，运至北京，以求善价。

古人对待商人的态度非常轻视。达官贵人的住所与商贾都要保持一定距离，富人住宅区一定要与商业区域分开，以示身份高贵。好古的官宦贵人们却不肯长途跋涉去寻求各色古物，琉璃厂位置符合上述条件，在此时应运而生。

先是小商小贩将各地搜罗来的古董运至北京。琉璃厂位居外城内、内城外，距皇宫不过区区几里，大臣皇子们想来就来，不会有舟车之苦。加之琉璃厂生产衰退，闲地甚多。诸多因素使琉璃厂具备了成为贩卖古董的集散地。

康熙晚期，经雍正，到乾隆盛世，琉璃厂迅速崛起，许多老字号都有300余年的历史，比如大家熟知的荣宝斋。不过早期的荣宝斋只卖纸，不卖画，叫南纸店，后来因为买纸者常在店里试纸，留下不少墨宝，就促使店家灵机一动，开始售画，一发而不可收了。

乾隆时期，全国上下古董收藏大热，上至王公贵族，下至平民百姓，无不以收藏为乐事。只要搜罗到天下古物，到琉璃厂就可找到新主顾。丰厚的利润使得琉璃厂由早期地摊交易逐渐演化为坐店交易，买下店铺的商家已不是少数。琉璃厂最兴旺的时期恐怕就是这一段了。那时，大家熟知的和珅有事没事都要上琉璃厂逛逛，明里暗里弄回不少国宝。

嘉道以后，由于鸦片战争爆发，琉璃厂半死不活，国力衰竭，百姓无奈。同光中兴，戊戌变法，西方列强趁火打劫，又使琉璃厂复苏。一直到民国革命以后，抗日战争爆发，琉璃厂的第二次青春才告结束。这一时期大量的中国文物通过这条古街外流，呈汹涌之势，今人回想起来，只有扼腕叹息。

1949年，江山平定。琉璃厂成为国人追求古代文化的情结。凡思念中华民族精神、寻求寄托者，都要到琉璃厂转转，感受一下。当家做主的感觉真好，琉璃厂开始公私合营，打鼓敲锣，还是欢喜了不少日子。可后来，忙于社会主义建设，又赶上“10年浩劫”，琉璃厂就成了一个没用的大古董，无人问津。

改革开放那年，琉璃厂复苏。国家斥巨资重新修建琉璃厂，以期适应旅游市场。琉璃厂的平房都改成楼房，二三层不等，错落有致，连街道仍依旧样，宽窄不匀，曲直自然。这一项目还获得了当年建设部颁发的国家大奖。

说到琉璃厂有几个人不能不提。一是王懿荣，甲骨文的发现者，对中国古文字的考据有着划时代的贡献。还有张作霖，张学良之父，当时是琉璃厂某古董商的后台老板，所以张学良虽行武但仍喜收藏就不足为奇了。张学良的收藏前几年在台湾义拍，频创天价。还有一个人，民国初年，在琉璃厂当了三个月的掌柜，两个儿子也常出没这条古街，就是中国共产党的创始人，叫陈独秀，中国共产党第一任总书记。以上三人不同点颇多，但共同点是均被中国文化吸引，酷爱民族文化。

琉璃厂的命运300余年来跌宕起伏，但魅力不减。如今又逢盛世，人声鼎沸，摩肩接踵，成为国人文化消遣、寻求文化情结的场所。每当夕阳西下，古色古香的建筑被涂上一抹余晖，煞是好看。发古之幽情，琉璃厂无疑是怀旧最好的地方。

▼ 观复博物馆在琉璃厂正式开馆

87. 潘家园的诞生

潘家园的名气今天大得不得了。北京市民中有许多每周必到者，若有事情耽误了，像犯了烟瘾一样难忍。潘家园聚集的人气叹为观止，没有思想准备的人一去能吓一跳，古老灿烂的中华文明像磁石一样吸引着各色人等，摩肩接踵，熙熙攘攘。

我实在说不清逛潘家园人的目的。人稠的时候，站在哪里都是受罪。只有摆摊的高兴，面对川流不息的人群，盘算着囊中的收益。改革开放，给北京意外带来了这样一块神奇的土地。

其实潘家园的童年并不光彩，也不在如今这片富丽堂皇的地方。它在现址的西边，有个几百米的地方，今已是高楼大厦。当时，潘家园只是一片工地，而且是一片荒芜了许久的工地。渣土成堆，犹如丘陵；残墙断壁，是许多路人解决内急之处，随风随雨散发着令人皱眉的气味。

最早的最早，只有几个人在此交易。那时的交易不能明目张胆，如同线人接头，暗号照旧。买个古董真叫不易，搞得买卖双方紧张加心酸。谁都可以以公家面目出现，抄走别人赖以生存之物。“抄”这个字极有意思，介于抢夺与没收之间。抢夺是犯法，没收是依法，唯独“抄”，无法无天。

我最早在潘家园认识了许多勤快的投机者。他们游走于乡间市井，喝街（无目的地游走收购）喝出不少人弃我取的宝物，辗转带到潘家园，冒着被抄的危险，以求知音。经济的力量最大，有需求就会形成市场，潘家园由几个人迅速发展到几十人到上百人。10多年前的历史不需多说，凡自发市场一定混乱，混乱就要有人来管理。

我是无数次亲眼看见戴着红袖标的人气宇轩昂地整治潘家园，看着那些作鸟兽散的小商小贩，心酸得不行。来不及逃脱的只好求情，可怜相至今难于言表。有机灵的主儿，就攀上渣土山练摊，抢占制高点，居高临下，可随时观察情况，一旦有情况，把包袱皮一攥，胳肢窝下一夹，装作无辜的购买者，躲过一劫。

潘家园在这种状态下，一天天壮大，也一天天规范。商家和藏家都在自觉不自觉地遵循物竞天择、适者生存这一社会法则。终于有一天，在敲锣打鼓、鞭炮齐鸣中揭开了潘家园市场崭新的一页。

我曾经说过，也写过，今天再写一遍吧！每当周末的清晨，天尚未亮，北京市有两个地方万头攒动：一个是天安门广场，在抬头看升国旗；一个是潘家园市场，在低头寻国宝。还有什么比这样的生活更让国人自豪、更有乐趣呢?!

◀潘家园

千年收藏

88.

我们今天所说的收藏一般指艺术品收藏，可早期人类的收藏行为却与艺术品无关。为了生存，早期的收藏都是生存的必需品。考古发现，各类容器中装的最多的是粮食，民以食为天。

从野蛮到文明，人类开始注重美。文明初始，古人就将象牙、蚌壳、珠玉等凿孔穿系，悬挂于颈，示美于众。后来，在美的追求中，古人又发现这美丽之中还多了一份财富，美与财富从此结下不解之缘。

这就是我们今天津津乐道的收藏之祖。古代中国，大规模的收藏肇始于北宋。有宋一代，文人地位崇高，程朱理学盛行，文化作为生活的必需，滋润着每一个宋人的生活。宋人在节奏缓慢的生活中，发现了文化给他们带来的乐趣，这个乐趣在最高统治者心中一发而不可收，开画院、盘古玉、研究古器、著书立说，使那位才艺俱佳的徽宗皇帝因此千古留名。我们至今还羡慕那位以帝王之身当

“国家画院院长”的皇帝——宋徽宗赵佶，瘦金体的创始人。

元朝时中国在蒙人的金戈铁马声中无法顾及收藏，蒙人对此无意，无意就显出无趣。好在百年时光对元朝人过长，但对古国文明不过一瞬。翻过此页，明朝人又对纸醉金迷的生活迷恋不已。尤其到了晚明，文人们对没落的政权丧失信心，放弃政治理想，追求奢靡的生活方式。秦淮河畔，商女不知亡国恨；古城脚下，葡萄美酒夜光杯。晚明人的生活，追求美器，无一不精绝，“令居之者忘老，寓之者忘归，游之者忘倦”（文震亨语）。晚明人以收藏为荣，许多收藏大家，富甲天下。

满人发迹于白山黑水之间，一朝皇权在握，立即向汉文化靠拢，以汉文化之娴熟讨好江南怀有抵触情绪的清高文人。康乾两帝，均六下江南，带去威严与体恤，满汉兄弟在文化的旗帜下化干戈为玉帛，共同享受文化给他们带来的无尽乐趣。收藏此时已变为一种炫耀的资本，全国上下以谈收藏为时髦。摹古者层出不穷，作赝蔚然成风，给今人留下许多待解的难题。说到收藏，不能不提那位又老又帅的乾隆皇帝，89岁高龄尽享人生荣华，每日都坐在三希堂的小炕上摩挲古物，发古人之幽情，吟诗作赋。

清末民国，西方列强觊觎中华文明已久，终于有机会乘虚而入，大肆搜罗。深厚的文明，使每件古物都散发着诱人的灿烂。这一时期，先贤留下的财富源源不断地以奔流之势涌向境外，我们至今在世界各地看到的自家宝贝，大都是这一时期的失散子女。国人中的有识之士，逆流直上，拦截下许多国之重宝。许多故事悱恻缠绵，可歌可泣。感谢收藏前辈，我们还能有幸在自己的家园看见它们。2009年的上海博物馆国宝展的长队，可以使呕心沥血的收藏前辈们欣慰。

历史是教科书，可以阅读。今天，我们赶上了一个好时代，国泰民安。百余年来，文物外流的态势终于在今天止住了。收藏成了国人的时髦话题，许多聚集力量的人将其揽入怀中，像失散的儿女重新回到父母的怀抱，那种满足感无与伦比。每一件古物的价格在国人的追捧下屡创新高，像奥运会冠军一样，刷新一个又一个纪录。我们终于用这些纪录，洗刷掉那些令人不堪回首的耻辱。我们在享受这迟来的乐趣的同时，还深深感到了民族的尊严。

以上是千年以来的五次收藏热潮。这次还要持续多久，无人知晓。今天的中国人，在祖先创造的5000年文明前，诚惶诚恐，顿生敬意。一个世界独有、延续不断地使用方块字的民族，创造过无数个文化奇迹，养育过无数个先贤圣人。我们为什么收藏？就是因为这些文化的载体——文物，不仅仅给我们带来巨大的物质财富，还带来浩瀚无边的精神财富。

▶ 宋代 十八学士图 台北『故宫』博物院藏

89. 文明的坐标

以收藏而言，我们无疑赶上了一个好时代。今天这个时代，像我这个年纪的人都可以感受到时代带来的幸福。今天有很多我的前辈、长辈，他们就更能感受到社会的变化。我们赶上的这个时代不仅仅是对于收藏，对于整个民族而言，现在都是一个非常幸福的时代。中华文明几千年的历史，战争时期多于和平时期、贫困时期多于富足时期，我们赶上了富足的时期。今天，对于大部分中国人来说，吃穿不成问题，所以我们开始追求精神享受——这就是收藏。

文明的高度不是一次达到的。我们的文化从文字出现，有5000年历史。这5000年的历史中，每个时代都有标志性的文物，比如商周的青铜器、秦代兵马俑、汉代的玉文化、唐代的唐三彩、宋瓷宋画、元青花、明清官窑瓷器等，这些都给我们一个提示，提示文化曾经走到一个什么样的高度。

我们国家有很多文化在历史上已经达到非常高的高度，但是后来断裂了，比如青铜文化；有很多文化曾经受过其他文化的影响，从而改变了自己的习惯，比如家具文化；也有的文化延绵了5000年而不断，是我们独有的文化，比如玉石文化。中国历史上朝代不停更迭，农耕文化和游牧文化不断交织、冲撞，产生了文明，这个文明给了我们很多提示。中国文化是非常丰富的，对外来文化的态度来者不拒。追根溯源，我们很多文化都是外来的，只是自己已经习焉不察，认为这些文化理所当然是自己的。

玉文化最为深入人心，今天很多人愿意随身佩戴玉，给自己一个精神安慰和心理满足。有一次，我去做足底按摩，按摩师跟我说："马先生，我们都熟了，我买了一块玉，您给我看一下是什么朝代的。"我一看，是一块新玉——这个不用说，她在地摊上买到老玉的可能性不大。我问："你花了多少钱？"她说："3000块钱。"我当时听了很震撼。我不能想象一个足底按摩师，一个社会最基层的人，愿意花3000块钱买一块玉。这件事当时给我的震撼超出了一个世界纪录的诞生。我们收藏文化的宗旨就是感知文明，怡养情致，这已经下到了社会最基层。

我们能有多少东西留给后代呢？只有自己创造的文明。方块字是非常伟大的发明，中国今天能够成为一个泱泱大国，我们必须感谢秦始皇。不管他怎么焚书坑儒，都是他统一了文字，这使国家无论有多少战争，有多少冲突，最终还是一个泱泱大国。如果不统一文字，今天可能就会有“上海国”“广州国”。因为中国的地域辽阔，方言众多，话都是听不懂的，唯一能够看懂的就是文字。汉字把我们牢牢凝固在一起。

我们对于文化的尊重，今天提到了一个社会的高度。现在有众多大规模的文化活动，这在过去都是不可想象的。当我们认识到尊重文化的重要性时，必须回顾那些沉痛的历史。我11岁那年，“文化大革命”开始了，我对于文物的第一个感受就是：人们为什么对这些东西如此痛恨，原因何在？我十几岁时看到的破坏文物的现象，今天想起来都非常可惜。

但我们今天依然没有把保护文化提到前所未有的高度，潜意识里觉得破坏不可惜。有时候我们并没有强烈的意识去保护自己的文化，不是很能自觉地去抵御文化的侵略。所以我们的城市就变成了今天这个样子。

今天，我们走到全国各地的县级城市都是一样。如果把路牌捂上，把你空降下来，你都不知道在哪里，因为地域的文化符号在一点点消失。我今天看到的北京，跟我小时候看到的北京完全不一样。

我记忆中的历史很大程度上就是一个“拆”的历史。我小时候，北京还有很多城墙。我对北京的城墙有非常深刻的印象，那时候我还经常上西直门的城墙去玩。西直门的最后一个瓮城，全中国独有的一个方形瓮城，是1969年拆的。当时要修地铁，说这个瓮城碍事，就给拆了，太可惜了。后来我还看到一些资料，说在“文化大革命”的时候，有人曾经建议拆掉故宫，改建成“人民的广场”。幸好“人民的广场”没有出现，不然故宫就没有了。

景德镇有一座红塔，非常有名，当年曾救过朱元璋一命。据县志记载，当年朱元璋躲避陈友谅的追兵，藏进这个红塔，追兵到此看到门上有很多蜘蛛网，就没有进去搜，朱元璋才躲过一劫，才有了后来的明朝。如果没有这座红塔，可能就是陈友谅称帝了。这座红塔的周围，原来还有4座与之相似的塔，如今荡然无存。它们在20世纪50年代“大跃进时期”被拆了，塔砖被拿去盖了猪圈。当时报道称这几座塔“焕发了青春”。这就是那个时期对文化的一个愚昧态度。

我去南京看过著名的阳山碑林，那是永乐皇帝为他父亲朱元璋造的天下第一碑，70多米高，根本立不起来，至今被搁置在山上。我一问，南京还有个永乐年间的建筑，叫报恩寺塔，78米高，相当于20多层楼。在古代历史上能够造如此高的建筑，非常了不起。报恩寺塔上面贴的都是青花瓷砖，这对收藏陶瓷的收藏家来说是一个梦想。可惜这座塔在太平天国时期被拆掉了。对过去伤害文化的这一段历史，如果今天我们有所反省，才能够有进步；如果不反省，就绝对不会进步，历史一定会重演。

北京东便门有个皇城根遗址公园，大家有机会可以去看一下那里的残垣断壁。了解北京的人都清楚，东便门、西便门，本是下人走的。当时要进入北京城，所有下人都要在此排队，人多时要排上一个星期，所以这个门就被窝在里面，无意中保存到今天。现在，这一块被开发成“皇城根城墙遗址公园”，公园里立了一块石碑，碑上是一段歌功颂德的话，说这个遗址公园有多么多么好。我看到的时候就非常愤怒，如果让我来写这块碑文，我一定这样写：“我们的北京城曾经是一个怎么样的古城，有多少辉煌的城墙。这些城墙最后保留到什么时候，由于我们的无知被拆掉了。一个偶然的因素，剩下了这一段残垣断壁，我们一定要以此为训，记住这段历史。”

今天我们谈收藏文化的时候，一定要知道文明的坐标都在哪里。文明的坐标不是空泛的，由文物来标识。每个时代都有自己的文物来标识，它们曾经达到过怎样的高度。这个高度：第一是文化高度，第二是艺术高度，第三是科技高度。可惜在宋明以后，中国人对科技的追求越来越淡，天天沉迷于艺术的享受，最终导致后来的衰败。

我们收藏的目的是什么呢？我想肯定不是聚财，而是教育，我们要教育下一代人。所以我在1992年就突发奇想，要做一个博物馆，要把这个博物馆永久地留给社会。

我们一生当中有很多乐趣。年轻的时候，男孩追求女孩是第一大乐趣；成年以后，对于资产的追求是个乐趣，比如说要有房子、车子。但是当一个人真正成熟的时候，物质的乐趣就会消失，精神的乐趣会随之而来。文化的乐趣才是永恒的。我常说：伴随你终身的乐趣，一定是文化带给你的。我们只有珍惜自己辉煌灿烂的文化，才会有美好的明天。

▲ 观复博物馆　座上宾——中国古代坐具展

90. 大英博物馆游览记

公元1753年，英国医生汉斯·斯隆爵士（Hans Sloane）去世，享年93岁。他不仅是一位著名的医生，更是一位大收藏家，他身后留下的收藏品达79575件之多，汉斯本想将收藏品捐给国家，但生前未能如愿，直到政府通过发行彩票筹得资金后，董事会购买了一座17世纪晚期的建筑作为馆址，汉斯的终生收藏才找到了最好的归宿。

这就是大英博物馆的由来。6年以后，也就是1759年的1月15日，大英博物馆首次向公众开放，拉开了英国博物馆的序幕。有意思的是，当时博物馆的宗旨是只向"好学与好奇之人士"开放，参观免费，但一定要有导游陪同。

以开放日计，大英博物馆今年（2009年）整整走过了250周年。我在这样一个颇具纪念意义的年度，跨进了它的大门。世界级的大博物馆我基本都参观过了，许多还不止一次，但大英博物馆却排在了最后，按照中国传统说法，这叫压轴。

压轴一定是大戏。大英博物馆设有近百个展厅，囊括全世界各个地区的文化。中国古代文化物证就静静地待在33号展厅，其面积与古埃及、希腊等大面积展厅平起平坐；它不以惯常的分类方法展出，而是按年代排列，让各国观众在中国古代文化物证中徜徉，纵向推进，横向比较，给好学者以提示，给好奇者以学养。

大英博物馆的亚洲部主任司美茵女士（Jan Stuart）前些年来过观复博物馆，我的印象中她当时还在美国，由美国中国文物学者姜斐德女士（Alfreda Murck）陪同参观。几年过去，没想到由她的团队在大英博物馆接待我，让我感到中国文物是一条纽带，连接了东西方文化。

司美茵能说一口流利的汉语，交流顺畅，这让我这个英文盲很高兴。我很怕通过翻译交流，尽管主办方为我配备了专业的翻译，但一句一翻，一翻一断，让从小习惯的语言思维像漏了气的吸管，能用但不好用，本来可以一口气吸完饮料，扑扑哧哧地喝完也不爽。

我在办公室里先与司美茵的同事们聊了会儿天，他们的部门分得很细：亚洲部、东方部、中国部，都有负责人到场了，让远道而来的我感到很温暖，温暖的是她们都是女的，更温暖的是她们都能讲中文。尽管每个人都很谦虚，学会了中国人的习惯，但我依然知道她们为学习中文付出了艰辛的努力。

大维德基金会

喜欢中国陶瓷收藏的人不应该不知道大维德基金会（Percival David Collection Foundation of Chinese Art）。珀西瓦乐·大维德（Percival David）先生在18岁就开始了中国陶瓷探索之旅。他对中国陶瓷一往情深，倾注了毕生精力与财力。在长达30年的时间里，大维德先生共收藏了1700多件优质的中国陶瓷，平均每周超过一件。1950年，大维德先生将这批陶瓷捐赠给伦敦大学。两年之后，伦敦大学为此成立了大学博物馆，开放给学生、学者以及民众参观。这批高品质的中国陶瓷，几乎囊括了中国陶瓷发展史，被公认为除台北“故宫”、北京故宫之外的季军收藏。比如汝瓷，全世界总共收藏67件，台北“故宫”23件，北京故宫17件，大维德基金会竟有11件。

大维德先生不仅热衷于收藏，还热衷中国文化的研究与传播。他与伦敦维多利亚与阿尔伯特博物馆、大英博物馆、东方陶瓷学会都有很深的交往，在中国陶瓷的研究上颇有建树。要知道，大维德热衷中国陶瓷文化的时候，正值我们民族处在水深火热之中。20世纪前半叶，封建社会的崩溃，民国革命后的混乱，使中国面临前所未有的尴尬局面。那时的中国，国门洞开，西方人觊觎许久的东方艺术品如潮水般地涌向国外。新中国成立后，许多成为学者的专家还热衷与外国人做古董买卖，以养家糊口。

犹太裔的大维德先生抓住了这个千载难逢的时机，以狂热的心境收藏中国陶瓷。今天看来，著名的藏品有：元至正十一年（1351年）青花龙纹大瓶、宋汝窑三足奁、宋耀州窑刻花大盒、宋定窑刻花大梅瓶、宋红斑长颈瓶、宋官窑侈口瓶、元青花釉里红大罐、明洪武釉里红缠枝花卉执壶、明永乐青花海水龙纹扁瓶、明成化鸡缸杯、清雍正粉彩花鸟扁壶、清乾隆珐琅彩芦雁执壶等。大维德先生的收藏个个精美绝伦，走进大英博物馆为其新开辟的95号馆，就感到琳琅满目、明星荟萃，大有拥挤之感。

大维德先生早已在九泉之下了，这批中国陶瓷名品给他带来过多少快乐，想必只有他自己知道。我们再有能力猜测，也无法清晰地知道大维德先生的内心感受，许多文化带来的快乐只能意会，不可言传。

一个人让别人、与他无关的别人记住是件难事，大维德先生做到了。在大英博物馆95号馆，我默默地向这位收藏前辈、收藏大家致敬。我们不会再拥有他传奇般的经历与巨大的物质财富，但我们可以拥有他曾经拥有过的精神财富。

至正十一年青花龙纹大瓶

大维德基金会收藏的中国瓷器最有名的莫过于至正十一年青花龙纹大瓶了。这对大瓶的名气在青花瓷中可以说天下第一，为什么呢?

第一，它有确切纪年，直接书写在瓶颈上，一丝不苟，说得清清楚楚。全文如下："信州路玉山县顺城乡德教里荆塘社，奉圣弟子张文进喜舍香炉、花瓶一付，祈保合家清吉、子女平安。至正十一年四月良辰谨记。"这段文字以青花书写于瓷器之上，不可更改且信息量大，地点、人物、事由、目的、时间，所有有价值的要素齐全，不疏漏一点。加之内容丰富，绘制精良，难有与之比肩者，故此件元青花大瓶作为标准器当为魁首。实际上，当年美国人波普博士就是以此为标准，研究出元青花的，距今也就半个世纪。换言之，没有这对大瓶，元青花之谜揭开还会推迟若干年。

第二，此瓶成对，器型复杂，形体又大；九层纹饰(耳饰算一层)，几乎囊括元青花绘画内容的全部(就差人物未画)，尤其龙纹的绘制，形象凶猛，腾云驾雾，生动之极；元青花的海水、蕉叶、扁菊、云纹、杂宝的绘制方法，都以此瓶为准。后凡是层次多、绘制内容相仿的元青花，都被统称为"至正型"，可见此瓶的影响力，作为标型学的鉴定方法，至正大瓶提供了准确标准。

第三，元青花作为研究成果，不过几十年的事情，民国时期的收藏家与学者还不知有元青花存在呢！今天沸沸扬扬的元青花研究，总体上都没有超过波普博士的研究。这对大瓶当年被卖到国外时，国内的行家还暗自高兴，认为外国人不懂，买的是瞎活(仿品)呢。

按明清以及民国收藏界的传统观点，青花是永乐创烧的，与元代无关。新中国成立后，元代窑藏和墓葬有元青花相继出土，加之国外的研究成果公布，元青花才逐渐被人认识。20世纪80年代，由于国际上的拍卖，元青花形成高价，因此名声大噪，以至于能亲眼看见这对大瓶都是幸运的，可见其影响力。

我第一次在大型画册上看见这对大瓶时就兴奋不已，没想到能亲眼看见它，看看画册就已非常幸福了。那时不知大维德基金会是什么机构，觉得远隔千山万水的，不可能再深入了解。这次参观大英博物馆前已知大维德基金会的展品全部移至95号馆展出，当前往95号馆时，我多少有些激动，像与一个相恋的人会面，心中忐忑。未进门时我就看见这对举世闻名的宝瓶并肩站在玻璃柜里，不动声色地等待它的亲人到来。

我围着至正元青花大瓶转了好几圈，看见了以往在画册中看不见的细节，有些还真的让我吃惊。大瓶从某一个角度去看，有些不正，一般照相时回避了这个角度。最让我吃惊的是此瓶历史上双耳有环，惜今已残缺，留下的痕迹清晰可见。在象耳下沿、瓶肩处都有无釉点，显然是环的衔接处。估计历史上不慎碰坏一环，后索性将其他一环去掉，以保持平衡。也巧，2004年安徽省当涂县出土一瓶，虽残但造型明确，层次也九层（颈部凸起脊弦纹算一层），也设有象耳，令人惊奇的是双环以八方形式出现，这与一般猜测的有差距。元代瓶流行设耳设环,但百年以来未曾有人见过至正大瓶的环,此瓶出土不妨作一参考。

我走近至正元青花大瓶，心中忽然不激动了，感谢聪明的中国元代工匠，留给我们这样令人神往的至宝；感谢那个叫张文进的奉圣弟子，慷慨施舍，定烧这样一对大瓶，还不忘写上能表达情感、传达信息的文字。这文字跨越了650多年，清晰完整地讲述了昨天的故事，让后人幡然省悟，和光同尘。

《女史箴图》

大英博物馆收藏的中国古代绘画中，堪称国之重宝的首推《女史箴图》。这件1900年八国联军进入圆明园后遗失的国宝，是被一个叫基勇松（Clarence A. K. Johnson）的英军大尉带往英国，后被大英博物馆收藏的。中国传统绘画中，文人愿意寄情山水，翎毛走兽、花草鱼虫画得最多，人物画相对画得较少。凡宋代以前的人物画，个个可以称为国宝，更不要说闻名遐迩的《女史箴图》。

《女史箴图》原为东晋顾恺之所绘，惜今不存，所存两本皆为摹本：一为南宋摹本，品质稍逊，现存北京故宫博物院；另一为唐摹本，公认品质为上，最接近顾画原貌，现存大英博物馆。能目睹唐摹本《女史箴图》，不仅仅是眼福，更是一种缘分。

我们此行因事先已做安排，大英博物馆将《女史箴图》从库房调出，放在了博物馆中国绘画修复室。修复师邱锦仙老师原为上海博物馆的专业绘画修复师，被大英博物馆以借调的方式借到大英博物馆负责修复古画。邱老师平和淡定，面对古画如对古人，在平心静气的交流中，许多看似已无法挽救的古画在她这里焕发生机。

邱老师的热情让我体会到了他乡遇故知的欣喜。这是一间宽大的工作室，阳光和煦，由于是日本人平山郁夫赞助的，室内铺满了榻榻米，赤足于上，心中充满了温馨。寒暄之后，所有人屏住呼吸，远远地看着平铺在工作台上的《女史箴图》。

《女史箴图》被平整地裱在两块长长的板上，放射出久远的历史之光。它似乎有一种力量，迫使你放慢了脚步，让你从内心敬畏历史，敬畏艺术。我们站在《女史箴图》面前，没有人出声，没有人再提出问题，面对古人如此辉煌的遗作，我能感到的只有幸运。

西晋惠帝司马衷是个有名的弱智皇帝，他听说百姓没有饭吃，许多人饿死了，便好奇地发问："为什么不吃肉糜？"成为千古笑谈。按说司马衷之父武帝司马炎有26个儿子，不能算少，为何单单挑选了这个弱智呢？原因简单，弱智皇帝为原配杨皇后所生，尽管排行老二，但老大夭折，历史重任就责无旁贷地落在了他的肩上。司马衷的原配贾氏生性凶悍，又矮又丑，却手腕高超，坏事做绝，成为"八王之乱"祸首。两朝重臣张华看在眼中，急在心里，写下历史名篇《女史箴》，集历代先贤圣女事迹，用以劝诫警示，一时被奉为“苦心陈箴，庄言警世”的名篇，流传很广。后来，东晋画家顾恺之根据此文分段配图，后世称为《女史箴图》。女史，原为女官名，后泛称有知识的女性；箴，文体的一种，以规劝、告诫为内容。张华的文学才华横溢，所写的《博物志》被鲁迅先生归入“六朝之鬼神志怪书”（《中国小说史略》）。顾恺之的《女史箴图》更为形象地展现了封建社会女子的规范，算是那个时代上流社会必读的教科书。

惜顾恺之的真迹相隔太久，今已难见真容。唐之摹本可窥顾画神韵，是喜爱中国传统文化者最奢侈的追求。我与《女史箴图》近在咫尺，左手掩嘴，右手背后，屏住呼吸，以不可再近的距离欣赏古迹，贴近历史。此时此刻，我知，司马衷与皇后贾氏不知；我知，张华与顾恺之不知；我知，唐临摹者及后世收藏者不知；我知，英军大尉基勇松和丧权辱国的慈禧太后不知……

我们对历史总是知之甚少，我们永远看不清历史的真实面貌，历史留给我们的证据十分吝啬。一个人能面对千年以上的画作，尤其是充满人生传奇内容的画作，是一种幸福。这种幸福，难以言表，无以复加。

敦煌文物与斯坦因

敦煌石窟每年有成千上万的游客参观，看见的都是造像与壁画，那批可移动的经卷与画作早在100余年前就分散于世界各地。这件事与一个叫斯坦因的英国人有关，还与一个叫不出名字的王道士有关。

斯坦因一直认为王道士古怪，难以捉摸，搞定他要小心翼翼。他甚至觉得花钱买通王道士可能都会伤了王道士的宗教情感，所以他让王道士允许他参观已修复的庙宇，参观时嘴里一直啧啧称赞，用以感化王道士，套套近乎。王道士只身来到敦煌已经8年，怀着一颗对宗教虔诚之心，以一己之力默默地修复倾颓的庙宇。这一点使斯坦因十分感动，斯坦因说："王道士为此付出的辛勤努力还是给我留下了很深的印象，他对这个洞窟的修复工作和他的虔诚宗教信仰可以称得上煞费苦心。"

斯坦因用对玄奘的崇拜敲开了王道士的感情之门，他绘声绘色地配着壁画的讲解，将玄奘这位朝圣者重新演绎，让王道士对他有了好感，少了戒心。后来的一段日子里，斯坦因将其发现的丝质绘画，及部分经卷经王道士同意带走"深入研究"。数量究竟有多少，据说"要用马车来装"。再后来，这批国宝级的文物辗转来到大英博物馆，入馆珍藏，转眼就是百年。

我们一行走进库房看这批国宝有诸多规定：首先，不许摄影，怕光线影响丝质绘画；其次，禁止动手，只许动眼观看。实际上，我们一进入库房连说话都变得十分小心。库房不是很宽绰，恒温恒湿，光线适度，甚至有些暗淡。敦煌文物都一张张地贴在展板上，展板一层一层地放在架上，看哪件就抻出哪件，许多敦煌绘画作品我甚至没在任何画册上见过，内容丰富，色彩艳丽，让人顾及内容时忘了色彩，顾及色彩时又忘了内容。所有宗教绘画必须怀有宗教情感欣赏，虔诚是第一位的。尽管我们对佛教的理解认知还有相当的距离，但敦煌这批佛教绘画已深深打动了我的心。那是千年之前先人的灵魂，充满了超凡脱俗的气息，他们要表达的正是我们欠缺的思想。我们的思想一旦科学，就会成为宗教学的障碍。玄奥的宗教情怀不是我等常人能拥有的，当然也就谈不上理解。

我在对敦煌佛教绘画肃然起敬的同时，发现几幅最漂亮的绘画边缘上贴有卡通形象的小狮子，大惑不解，问大英博物馆的同行，才知这是一个重要标识。这个标识只在非常时期起作用，一旦走水(失火)，消防人员首先抢救贴有小狮子的藏品，以便最大限度地减少损失。西方人的思维就是与东方人的思维不同，考虑周全，瞻前顾后。我看着卡通小狮子想，这算遗嘱吧，减少身后不必要的麻烦。谁也不愿意发生问题，更不愿问题发生后带来一系列更大的问题。

斯坦因百年之前从敦煌王道士手中拿走这么一大批文物，静静地躺在大英博物馆的库房，尽管恒温恒湿，也未必还能保存千年以上。这批东西掩埋在甘肃西北的流沙下，在简陋的夹壁墙藏经洞中历经千年不朽，可见其生命力之顽强。佛教中的梵音传达出久远的清寂，“梵音迎漏彻，空乐倚云悬”(唐宋之问《奉和幸三会寺应制》)，这让人无法不相信前世、今生、来世。

大英博物馆中国馆陈设思路奇特，与众不同，它不按常规分类，而是将同时期文物同时展出，加强横向比较，这正是我们博物馆欠缺的。我们可以在此馆看到中国古人创造的各类文明，在陶瓷旁边陈列着玉器，在玉器一侧，置放着青铜器，中国古人的聪明才智多角度、多层面的展示，给了后来者多种启示。

很长一段时间，中国的文物专业工作者都习惯以纵向思路来研究探讨文物，陶瓷的演变之路由陶向瓷，由单一向丰富；玉器的演变之路由神向礼向德，神玉、礼玉、德玉就是中国玉文化的前行之路，清晰可辨；但同为国人创造的文明，它们之间有什么关联呢？

大英博物馆试图以一种通俗的方式向观众讲解中国文明的形成。把商周古玉摆放在青铜器旁边，就可以看出两者处在同一时期相互的影响。我们没权力说玉器文化影响了青铜文化，也不能说青铜文化影响了玉器文化，处在同一水平线上的中国先民，看见的是同一文明的曙光，听到的同一时期的清音，那么要表达的应是同一种情感和同一种思绪。

我和英国专家在中国馆边聊边看，边看边探讨，许多问题站在国人的角度少有思考，这给了我新的机会。在一组唐三彩前，英国专家问我，为什么唐三彩人物身上有釉而脸上无釉，而马和骆驼等动物全身都有釉呢？说实话，在她没有问我之前，我从未考虑过此问题，但我仍以专业精神回答了她：“我认为是唐三彩人物俑的面容当年色彩丰富，为釉彩所不能及，釉彩在唐尽管丰富，依然受限，故设素胎以供彩绘，彩绘颜色丰富，可以随意调制，只不过大部分彩附着力差，因年久消失，才形成脸部无釉之印象。”

穷理格物乃学术之精神，中国古人历来提倡。中国文物，其深不可见终底，其广不可见边缘，这对于西人、国人一律公平，越努力，得到的越多；越思考，释怀的越多。

景泰蓝龙纹大盖罐

我曾经在多本书上看见过这只宣德景泰蓝大盖罐，看尺寸知体积，虽能想象也仅限于想象。在中国馆中，当我远远地看见这只大盖罐时，想象才变得实际。此罐尺寸之巨，虽有心理准备，仍难免心中称奇。

景泰蓝是个民间俗称，学名叫掐丝珐琅。其实，学名只在学术界写文章用。按明朝宣德炉、成化杯、万历柜之称谓，景泰蓝也应诞生在景泰年间，但恰恰与众不同，景泰蓝不是在景泰年间诞生的，早在元朝已引进中国，不过是在景泰年间得景泰皇帝青睐而声名鹊起的。

明代以前的景泰蓝少有体积能与此罐抗衡。由于铜在明代仍是钱币的用材，用如此之多的铜制作景泰蓝显然价格不菲。在大英博物馆，这只大罐陈设位置如此之低令我诧异，问其原因，专家告知此罐太重，放在高处恐不安全。面对心驰神往的宣德景泰蓝大罐，我单腿下跪，与之合影，了了心中久远的心愿。

此宣德大罐用彩强烈，尤其使用了景泰蓝罕用的黑彩，观之有厚重之感；其红彩色重，较一般红色深沉，配上大面积黄彩，让景泰蓝的蓝色基调反而不甚显现。龙纹凶猛，五爪如风车旋转，双目圆睁，张口露齿，一副大明宣德之气势。尤为重要的是口沿处有“大明宣德年制”和“御用监造”两处内外重复款识，罐内又重复镌刻一遍，表明了此罐为宣德皇帝独享，可见当年皇帝也是酷爱此物。

磁州窑马戏枕

我走到一个磁州窑马戏枕前站住了，看见这只在图录上看过无数次的瓷枕顿感亲切，年轻时曾想凭一生之努力，一定要拥有这样一只枕头，可今天已过知天命之年，从未遇见过与其类似的枕头，才知年轻时多是幻想，收藏要凭缘分。人生的经验有时要靠一生积累，知识是别人传授的，经验是自己积累的。

磁州窑马戏枕上画了一只憨态可掬的狗熊，躯体前倾，前爪持一棍状物，用途不明，脖下系一粗绳，拴在一矮木桩上。工匠没去描绘马戏表演时的场景，而是抓住狗熊幕后休息的瞬间，以一斑可见全豹的手法，反映了宋代百姓丰富的生活。马戏至少在汉代就非常流行了，“戏弄蒲(仆) 人杂妇，百兽马戏斗虎”(汉桓宽《盐铁论》)。

到了唐代，马戏中有关马的表演成为专门技巧，称为马伎，多是游牧民族带给我们的。《新唐书·回鹘传》载："乐有笛、鼓、笙、觱篥、盘铃，戏有弄驼、师（狮）子、马伎、绳伎。"

入宋，马戏内容越发庞杂，要熊且为其中一种。因熊动作类人，前爪伸出，后足直立，模仿人近似，故深受百姓喜爱。中国文化中视其憨为忠厚，成语中有"憨态可掬"一词，多为赞美。所以熊之憨态就成为深受百姓喜爱的形象。熊枕诞生，一表明宋代生活富足，人民安居乐业；二反映传统文化中的内涵，仅画一小景，就反映了大千社会。

我在大英博物馆的时间肯定是不够的，有多少时间也不会够。许多人一生就交给一家博物馆是常有的事情。我是没有可能了，没法重新活一回，只能钻进像大英博物馆这样的领地，倾一生之力，了解历史的一个片段、一个章节。其实，对于个人的生命来说，能放射出光芒一定因为具有了文化。

250年来，大英博物馆数次改建扩建，最终成了今天的模样，成为世界上屈指可数的超一流博物馆。中国文物自豪地占其最重要的一席，向全世界炫耀那久远文明的绚烂。我走出中国馆的时候蓦然回首，望见所有的中国文物都放射出智慧之光，让人热泪盈眶。

▲ 明宣德　景泰蓝龙纹盖罐　大英博物馆藏

91. 元青花玄机

引子

元青花在陶瓷界是个让人兴奋的话题，以价值而论，它曾长时间保持高不可攀的世界纪录。2005年夏天，一个画着传统谋士故事的元青花大罐，从荷兰一个军官后裔家中的阁楼上搬下来，放在了佳士得的伦敦拍卖场上，几番搏杀，创下当时中国艺术品的世界纪录。购买这件“鬼谷下山”元青花罐子花去的钱，当年在伦敦黄金市场可以购得整整两吨黄金。这个价位，至今仍令人咋舌。

当这样的高价横空出世时，元青花已超出收藏界、文物界、陶瓷界的范畴,许多与之无关的人开始关注元青花。现代媒体在立体、平面、虚拟三大空间都极尽渲染之能事，把元青花说得神乎其神，而元青花的确在国内长久地蒙着一层神秘的面纱，从未有人能彻底揭开它。

这段历史悬案并非老生常谈。至少在明清两朝，长达500多年的时间内，没有任何零星文字记载，传统都认为青花是明朝永乐年间创烧的，由郑和下西洋把青花料带回，开天辟地地改变了中国瓷器的审美，让它一支独大。

即便到了民国初年，所有的古董商依然坚守这一理论，以致那对今天闻名全世界的至正型青花龙纹大瓶出现时，眼力最好的古董商们都对它嗤之以鼻，认定这是一对假古董，最终导致这对国宝级的元青花大瓶被卖到国外。很长一段时间内，民国的古董高手们仍津津乐道地讲述这件“假古董”如何蒙蔽了洋人的浊眼。

其实那时的洋人也的确不知元青花的前世今生，直到20世纪50年代以后，美国人波普博士以此为标准，深入研究，才渐渐拉开了厚重的历史幕布。这一拉开，舞台上的灯光由弱及强，元青花以其颠覆的形象光芒四射，让世人刮目相看。

元青花从何而来

元青花从何而来？这是一个简单得不能再简单的问题。中国陶瓷，凡一新品种诞生，其身份明确，由小到大，由弱到强，脉络清晰；但元青花没有幼年，没有童年，没有少年，当你看见它时它俨然是一个风华正茂的青年，甚至让人怀疑它的身份。

没人相信它诞生于元朝，以明朝人的眼光看，蒙古人只知扩张，不知建设，善武而不善文。在他们看来，如此精美的青花瓷出自蒙古人之手太不可思议。一个马背上的民族，游牧四方，打打杀杀，哪来的这种雅兴？他们与青白相间的青花瓷之间实在看不出有什么因果。

中国文化讲究因果，具体到陶瓷之上，明显能看出地域文化的影响。例如，同为宋代青瓷，北方耀州青瓷与南方龙泉青瓷各自凸显性格，耀州青瓷呈橄榄绿，强调深沉；龙泉青瓷呈梅子青，表现柔婉；演绎各自地方的性格特点，色泽即可见一斑。

元青花出现之前，蓝色并不是中华文明的传统色调。我们习惯的颜色中，蓝色不具吉祥意义。唐三彩以黄、绿、白为主，偶见蓝色。在中国陶瓷文明的进程中，蓝釉出现得几近最迟，唐代之前未见其蛛丝马迹。入唐之后，在唐三彩这支队伍中，隐约可见蓝釉作品，其呈色剂为钴，与后世之青花并无二致。但这种饱和的蓝色几乎都以色块作为表现形式，或通体或局部，鲜有纹饰意识。

入宋，这种深沉的蓝釉戛然而止。宋人的美学并不宽容，不给这种幽静深沉之蓝让出空间。宋之蓝都属天青色，大名鼎鼎的汝窑及钧窑都注重天青这一要素，“雨过天青云破处”，宋釉追求的都是自然属性的色泽。

而元代蓝釉，是钴料呈色的天地，色块与纹饰双管齐下，既有宝石蓝的釉色，也有千文万华的纹饰。元青花在此空间中，将蓝釉推至前台，扮成主角，独挑一场空前的大戏，这场大戏一演就是700余年，从未有人撼动它的一哥霸主地位。

迄今为止，全世界范围内尚未有一件元青花传承有序。英国大维德基金会的那对著名的至正青花龙纹大瓶，颠沛流离，在1929年由英国人霍布逊在北京古董商手中发现并购买后运往欧洲，几经转手，最终被幸运的大维德爵士买下。在这之前，尽管瓶颈上有详尽文字说明其身世，但随后身世空白，如何辗转落入古董商之手已成历史无解的谜团。

中国大陆收藏有众多的元青花，基本都是新中国成立之后出土的，最著名的有1964年的河北保定窖藏和1983年的江西高安窖藏，零星的出土不胜枚举。有明确记载的传世收藏，明清两代皇宫未见，民间就更加不可能了。

但远在土耳其的皇宫——托普卡帕皇宫中存有大量的精美元青花，且品种多样，保存状况良好。重要的是它的明确记录，在1453年后这批元青花瓷器就开始入藏托普卡帕皇宫，至今已564年。虽然入藏时间距烧造时间尚有百年，但这毕竟是全世界范围内距历史最近的一批元青花作品。凡致力于研究、收藏、喜爱元青花者，无不以目睹芳容为乐事。

几经周折，带着疑问，我踏上朝拜元青花之路。

土耳其及伊斯坦布尔

土耳其独特的地理位置让人羡慕。它脚踩两只船，一只在欧洲，一只在亚洲。享受如此地域文化特权的恐怕只有土耳其了，伊斯坦布尔连接欧亚的大桥似乎在无言地展示过去两洲相交的历史。

在海洋文化发迹之前，陆路交通是沟通两地的必由之路。古丝绸之路的终点就是土耳其，欧亚贸易在此中转。至少2000多年前，当西域驼队迈着疲惫的步伐、飘着悠扬的驼铃声到达此地时，东方货物连同文化创造着令人羡慕的文明。

伊斯坦布尔古称君士坦丁堡，从公元4世纪开始，拜占庭、东罗马、奥斯曼帝国都在此创造过辉煌。著名的圣索菲亚大教堂是世界上最宏伟壮观的建筑之一，中央圆穹顶高达54米，融希腊、罗马、叙利亚、波斯等风格于一体，让每一个亲临它的人无不震撼。

6世纪时，君士坦丁堡人口已逾百万，这在当时的欧洲，无城市可以与之比肩。欧亚的货物在此云集交易，这座“沟通东方与西方的黄金桥梁”是个巨大的贸易市场，无奇不有。中古时期，君士坦丁堡一直保持着首富地位直至13世纪。

这一历史遗风保持到今天。伊斯坦布尔的巴扎之大、物品之丰，只有身临其境的人才能感知。我曾去过巴扎，离开以后长久地津津乐道。这次故地重游，特地安排了充裕的时间逛巴扎，但到最后仍意犹未尽。

我实际上最注意的是土耳其文化。这是一个多种文化杂交的地区，处处传达着价值的信息。蔚蓝色的地中海松石，与中国内地的绿松石相比，其色抢眼，让人不断回忆镶嵌在古中国文物上的点滴，以资比较。我买的手杖、盒子，从色泽到纹饰都提供了十分有价值的土耳其文化信息，让人兴奋。

伊斯兰文化最吉祥的主色调是蓝色。蓝色清真寺原名苏丹艾哈迈德清真寺，几乎是每一位游客的必到之处，名称的通俗性也说明蓝色在伊斯兰文化中的重要性，而我们朝拜的元青花就是一个蓝色的精灵。

托普卡帕皇宫

托普卡帕的原意是“大炮之门”，由此可以想见奥斯曼帝国的政治态度。天下政权打下的为多，奥斯曼早在13世纪末就奠定了国家的基础。在东西方文明的交会处，利用地理及文化的优势，奥斯曼帝国有600余年的时间掌握东西方的陆路交流，直接后果是，有学者认为由于它的存在，使得东西方文明的界限日趋模糊，由此可见此地的重要性。

托普卡帕皇宫把住了博斯普鲁斯海峡与金角湾及马尔马拉海的交汇处，居高临下，不论心胸多么狭窄的人站在这里也会豁然开朗。海之蓝色充满了诱惑和魅力，我站在高处，无论如何也想不清楚几百年来这里的和睦与争斗之间、温情与绝情之间的道理。人类的文明史上充斥着许许多多不文明的现象，统治者们的注意力都放在如何维持帝国的昌盛上了，而不关心这以外的事情。我们看到的托普卡帕皇宫尽管辉煌，但也仅是那段文明的痕迹。

1453年对这座皇宫是一个起点。帝国的统治者在伊斯坦布尔市区选址兴建了第一座皇宫，可能由于仓促行事，使得苏丹不满意，随后又另选这块风水宝地，开始兴建第二座皇宫，从地势到面积，新宫明显优于旧宫，西门高耸的伊斯兰风格石塔表明这个国家的宗教信仰。1924年，新兴的土耳其共和国政府，将这座神秘高贵的奥斯曼宫殿辟为永久性博物馆，才让世人有机会进来一睹芳容。

我曾经来过托普卡帕皇宫，虽说只来过一次，但也有轻车熟路的感觉。托普卡帕皇宫和北京的故宫比起来，更像一座公园，一进门都是大面积的草坪和参天的大树。皇宫的建筑与这座城市的宗教建筑比起来显得渺小，不像中国的宫殿一定是那个时代最高大的建筑。看惯了中国宫殿的架构布局，托普卡帕皇宫稍显随意，苏丹的各种用途的房间也不够庞大，特别实用。

对我最有吸引力的反倒是托普卡帕皇宫最不起眼的厨房，它在大院右手侧，呈回廊状态，稍不留意可能会忽略它。这两道排房，烟囱林立，是皇宫厨房所在地，内分甜食房、奶酪房、餐具房、酒窖等，如今酒窖已改为档案馆，其他则用作中国瓷器的展出。可惜此展厅已修缮多年，目前还未开放。

所有的元青花早已神秘地入藏戒备森严的库房。我们去的第一天，主人仅捧出两件让我上手观看，并告之宝物取之如何不易。对于我以及我们那些陶瓷前辈，无不以上手托普卡帕皇宫全部元青花为幸事。已故的陶瓷泰斗陈万里先生、冯先铭先生终生没有机会上手看这批瑰宝；已故汪庆正先生等一行十余人在10年前曾轮番上手观摩，在业界让人羡慕。

托普卡帕皇宫之所以在中国古陶瓷界声名远播，是因为它藏有自13世纪起至19世纪末的中国陶瓷10358件，这其中最为有名的就是40件元青花，其中不少举世孤品，诱惑着所有喜欢它的人。

可惜它深藏不露。自从土耳其人知道了元青花的地位，他们连公开展览也取消了，那排房一修就是数年。所有的元青花都成为传说，全世界上手看过它们的人寥寥无几。

去土耳其前我被告知可以上手观看这批国宝，我也事前与土耳其文化部长会面，相谈甚欢。他听说我上次去土耳其仅看了一两件元青花，马上告诉我他会安排，邀请我再次远赴土耳其。可能是翻译过程中的误解，土耳其托普卡帕皇宫博物馆的工作人员为我准备了元龙泉瓷器、明永乐宣德青花，让我在欣喜中纠结。

后宫

经过反复努力，托普卡帕皇宫博物馆为我单独又安排了一天，做好充分准备的我，在一个明朗和煦的早晨，走进了托普卡帕皇宫从不让人参观的后宫。为我们充当导游与翻译的米娜对我说，她做导游十多年，也是第一次踏进后宫，沾了我们的光。

任何一座皇宫的后宫总是充满了故事与神奇，各国文化历朝历代都对后宫抱有窥视欲。后宫的神秘不仅仅在这座皇宫闪烁的光芒，它不分种族、不分文化，任何对公众封闭的最高权力者的私生活都是对公众极强的诱惑。

我在双重诱惑下踏入托普卡帕后宫。说实在的，这里比想象中要小，感觉建筑布局随意性大，路径不直，房间不整，但土耳其的文化风格强烈，尤其是后宫的浴室让人浮想联翩。

后宫中门禁森严，过去任何能进入后宫的人也是到处受禁行约束。后宫的主人是至高无上的苏丹，根据祖制，他可以娶四位妻子，为此还专门有挑选后妃的场所，苏丹居高临下，让待选女子在院中随意走动，苏丹凭兴趣挑选备用。

后宫的创建者苏丹苏里曼一世（1494—1566）拥有300名女奴为之服务，这比中国后宫的“三千佳丽”真可谓小巫见大巫。苏丹的婚嫁制度受伊斯兰教影响，可以拥有四位妻室，实际上历史上有多位苏丹妻室大大超越这一数量。

我知道，我与梦寐以求的元青花近在咫尺，心跳加快。当工作人员引领我走下一道深邃的楼梯时，我知道幸福马上来临。这时，一缕阳光从高处斜射进来，洒满一地，让后宫密室凸显神秘，也凸显温暖。

这是一处当年不遇特殊情况连后宫任何人都不能到的地方。托普卡帕皇宫的工作人员再三嘱咐不能向外公布细节。除他们自己以外，没有任何外人到过这里。因为我要看的东西太多，又因为只有我一人上手，所以破例将我领至后宫之后宫，当我一个人静静地坐下，我知道我的那位亲人已向我走来。

元青花玄机

光线好得不能再好，不弱不强；环境好得不能再好，不大不小；时间好得不能再好，开斋节刚过；心情好得不能再好，让我知道了什么叫如愿以偿。

青花是一个非常文学化的名字，极富诗意，中国古代陶瓷中只有它这么浪漫。其他品种无论在它之前还是它之后，都以一种科学冷静的态度面世，与它同时代异曲同工的陶瓷品种“釉里红”也不叫红花，而青花也从不叫釉里蓝。我很久想不明白中国陶瓷品种为何只有青花命名鹤立鸡群。

学者们都希望找到青花的起源。今天，元代青花是一个不争的事实，以至正型为准，优秀的元青花都是这个姿态。有不少学者认为，青花创烧早于元，而起于唐、宋，所以有唐青花、宋青花之说。但问题是所谓的唐青花、宋青花与公认的元青花是否一脉相承？在胎土、釉色、纹饰、工艺、造型等要素上，彼与此之间是否存在文化血缘？

在波普博士的研究成果公布半个多世纪之后，青花的起源“本土说”显然不如“外来说”有力。中华文化之所以几千年绵延不断，坚韧与包容乃根本原因。我们民族的坚韧是在面临任何困境之时，都能杀出一条血路，继续前行。我们的包容是对待任何外来文化都有一种学习的态度，迅速融为一体，继而变成己有。

青花在元代显然不是我们的文化传统，这取决于农耕民族对颜色的崇尚。我们崇尚红色、黄色。红色是生命，黄色是根本。蓝色，尤其是青花之蓝在我们民族的文化审美中从未占有一席，我们长久以来视蓝为不吉，佛经中的恶鬼有称为蓝婆的，古代乡试用蓝笔处分，称为蓝单；传说中有蓝蛇，其蛇毒称为蓝药，人被咬即死……

而为什么青花在元朝能长驱直入？从那之后700余年来，青花一反陈腐的文化观念，或颜色或纹饰，走进中华陶瓷文化长河，融入滔滔之水。

千变万化的陶瓷釉色都是金属呈色。青花之蓝与唐三彩之蓝同用金属钴作为呈色剂，别无二致。只是唐三彩是陶不是瓷，青花是瓷不是陶。陶与瓷在科学上区别极大，烧造的难易差异极大，所以在元青花之前，土耳其等国只可以烧造蓝色的釉陶。

这些曾深深地影响过元青花，甚至催发了它的诞生。

元青花起源

中国学者大部分认可青花肇始于14世纪中叶或者更早一些。大维德基金会的那对标准器——青花龙纹大瓶的1351年确切纪年不存争议，即便再早，青花也早不过14世纪初，这个结论业已达成共识。而在土耳其的文献记载中，钴料作为釉下蓝彩的使用早在12世纪末就进入波斯地区，但它仅使用在釉陶之上，离瓷器还差着一大步。日本陶瓷权威三上次男先生也认为，从11世纪中叶之后，波斯陶瓷对中国陶瓷产生过影响，尤其波斯的白釉蓝彩陶器直接影响了中国青花的诞生。这种由西向东的技术传播显然带有明显的文化融合特点。

我的面前是一只蓝釉白花菱口大盘，上面绘有中国人熟悉的麒麟和飞凤，间绘花卉。以蓝釉作地，反白纹饰，最著名的藏品首推扬州博物馆的龙纹梅瓶，故宫所藏同类作品仅限于不足20厘米的小盘。上述藏品均有雷同作品，而托普卡帕皇宫这只大盘全世界独一无二。

此盘釉面肥润稠腻，超出想象。这些年来我没少看这类伪作，尽管常常遇到信誓旦旦者，但目睹全世界唯一的蓝釉白花大盘，深知真伪之间的差距。

这类作品虽充分表达着伊斯兰文化对色彩的崇尚，蓝色饱满，但为何并未呈现流行趋势？而青花作品无可争议地成为这种蓝色瓷器的主流，显然暗含原因，这个问题困扰我许久。在伊斯坦布尔的参观中，在伊斯兰文化对蓝色的理解上，渐渐让人悟出其蓝色的表现力，疏密、浓淡、内容都让神秘之蓝不再是简单之蓝。

一个个反青花大盘依次上阵，让我目不暇接。反青花乃是俗称，与常见白地青花纹饰作品不同，它是青花作地，反衬白色纹饰。这类作品在国内博物馆几乎不见，追其原因可能是当年烧造成本过高。托普卡帕皇宫这类作品多而大，个个让人心潮澎湃。莲池水禽菱口大盆，中心水禽或动或静，周圈环绘飞凤、菊花，折沿绘海水，虽三层图案却气象万千。令人惊异的是，此盆在绘制完成之后，又在整个纹饰上喷出一层细密色点，斑点驳驳，以我的记忆，全世界的公私收藏未见同类手法装饰，这种吹上色料效果完全可以看作宣德洒蓝瓷器的前奏。

我曾多次在画册上欣赏过这件作品，上手看时才发现它不是一件盘而是一件盆，盆腹深而缓，双手捧着手感极好，久久不愿放下。我当时想了许多，事后忘得干干净净，可能是这件藏品对我太过刺激，让记忆丢掉也未可知。

以青花作地，反白装饰在元青花乃至明清青花中都是少数，仔细一想，这似乎在提示我们。青花诞生时，中国工匠们曾做过多种尝试，因为尝试才给我们留下了多种美学意义的青花瓷。青花为单色，可直接表现内容，也可反衬内容，虽然成本限制了“反青花”

作品的数量，但初创时期工匠们的探索弥足珍贵。

苏麻离青

苏麻离青是个专业术语，听着诡异，所以多年以来对苏麻离青的解释莫衷一是。苏麻离青在文献上也有写成苏勃泥青的，这是青花必需的呈色剂。其中苏麻离青、苏勃泥青后面的“青”字就是通用后缀字，如龙井茶、乌龙茶后面的“茶”字一般。那么苏麻离是什么呢？

按定名的规律，苏麻离为地名可能性最大。学者们就这一音译在可能的范围寻找。最早有学者认为青料来自印尼的苏门答腊(Sumatra)，后又有学者说是索马里（Somali），日本学者又考证是斯玛尔图姆(Smaltum)，这是中亚地区的一种色料；还有学者考证翔实，认为中东伊拉克地区最古老的制陶中心萨马拉（Samarra）才是苏麻离青的出生地。

不管谁是苏麻离青的产地，它应该都与伊斯兰文化有关，首先是它崇尚蓝色；其次是它的应用——制陶，这些都可以证明青花的血缘。上述地区大都在13世纪前完成了伊斯兰化过程。

青花云龙纹盘口梅瓶出现在面前时，我反而变得冷静。我以为自己会激动，因为这只全世界独有的梅瓶造型太特殊了。盘口，通体旋绘苍龙，上手看时应了那句“神龙见首不见尾，见尾而不见首”

之语。龙身的青花料浓重深陷胎骨,按专业说法是典型的苏麻离青。亲手摸一摸近700年的神奇之物，我浑身如过电一般，相信感应吧！700年前当这只梅瓶从景德镇出窑时，窑工捧出它来，不会想到它肩负的使命，远涉山水，异国他乡，一待就是700年。700年后，有一个远道而来的家乡人，抚摸如亲，虔诚欲诉，而青花龙纹梅瓶永世不语，但它心里明镜一般。

青花莲池鸳鸯八方梅瓶、青花草虫花卉八方葫芦瓶，都以不常见的形态面世。这种八方硬直的造型与常见的圆润造型不同，凸显伊斯兰地区的金属工艺特征。八方造型无法上轮盘，只能模印，修胎时极受限制，故明清之后不再流行。

鸳鸯及草虫都是中国文人的情趣，本用来自娱自乐，谁知这自娱自乐的雅兴跨越疆域，变成共同的审美。不知道托普卡帕皇宫的苏丹们当年面对鸳鸯时是否懂得爱情，也不知他们能否享受草虫鸣声带来的快乐。

我极快乐，我是过客，匆匆过客，元青花是主人，能与主人相交相知已是幸事；主人深沉，博大精深，我们作为后辈不必都弄明白，获得一点足矣。

苏麻离青由明万历人王世懋在《窥天外乘》一书中首次提及："永乐宣德间内府烧造，迄今为贵……以苏麻离青为饰。"这以后的所有其他类似记载都大同小异。这一现象也导致中国人很长时间固执地认为青花为永宣时期烧造，在青花诞生600余年后，才由美国人波普纠正了这一说法。

随后，苏麻离青的身世是否与郑和下西洋有关开始成为问题。过去认为苏麻离青是由郑和下西洋带回，才成就了永宣青花高不可攀的地位，但元青花的溯本清源，苏麻离青的身世越来越清晰，表明了这一段历史得改写，让它趋向于真实。

我们当然希望将历史说得清清楚楚、明明白白，但历史从不给我们这个机会，需要我们自己去努力探寻。一个青花瓷，一个让中国人早已习以为常的青花瓷不是我们的亲生子，而是外来文化对我们的影响，或曰杂交，这让自古以天国自居的国人在感情上多少有些过不去。

尾声

我在托普卡帕皇宫幽静的后宫里欣赏着数百年前的宫廷旧物，苏丹和宫女们早已不复存在。除去我们一行人，没有任何人打扰，深宫院墙高耸，蓝天变得可贵，偶尔可以看见自由飞翔的鸟儿。我静坐在桌前，一件件国宝元青花依次摆放在我面前，少有人说话，每个人都可以感到一种宗教朝圣般的情绪。元青花它们走了有多远，我是知道的，我走了有多远，它们不知道；它们的生命状态超越我们的生命状态，它们只需要等待。

终于我们来了。元青花从深深的后宫出来与亲人见面，我们感激涕零。没有它们当年肩负重任的远行，就无法让我们获得一个天大的秘密。

元青花的前世今生颇为复杂，一个举世瞩目的中国顶级艺术品当年在那样一种偶然的变化背景下诞生。丝绸之路上来来往往的驼队不仅做贸易，不经意间还充当了文化使者，将信息来回传递，促成了一桩千古美事。

伊斯兰文化对青花瓷诞生的影响显而易见,青花作品繁复有序，层次丰富，密而不乱，都是伊斯兰文化的特征。中国文人讲究的留白在元青花作品中不可见，可见其影响力度。青花其蓝色由于元以前视为不吉，故一般器物（如唐三彩）只作为明器。当景德镇创烧青花成功之后，由于“蓝”字本身的忌讳，文人将其新品种称为“青花”，这就是青花之名之所以与众不同的原因。托普卡帕皇宫的元青花大都是大件器物，尺寸之巨令人咋舌，这与中东地区的饮食习俗相吻合。这类餐具，当时都是实用器皿，几百年来均置于皇宫厨房中。游牧民族由于自身的条件，进餐采用共餐制，在土耳其处处可见当时当地细密绘画中共餐的描绘；而中国人长久以来一直实行分餐制，明朝末年的绘画中还多有表现，只是在清朝以后，国人才渐渐远离分餐，形成共餐的饮食习俗。

中华民族在漫长的文明进程中不断地向其他民族学习优秀的东

西，从未让人内心抵御过外来文化。这种宽容使我们的文化丰厚强大，融解力强。我们将一切可能融解的外来文化先咀嚼，再消化，吸收其营养精华。许多文化物种时间久了，渐渐地成为中华文化的核心成员，而被世人忘记了它的前世。青花就是其中杰出的一位。

今天，全世界都知道青花是中国的国粹，已有700年的历史。700年前，聪明的国人看到了异域文化的优点，悄悄地学习，大胆地改造，让青花大放异彩，充当使者，又为伊斯兰地区带去中华文明。托普卡帕皇宫的证物不言，却诉说着历史。

而这一历史的秘密已逐渐公开，元青花是中华文化、伊斯兰文化与蒙古文化三者的结晶。它把农耕文化与游牧文化有效结合，利用中国传统而优秀的制瓷工艺表现伊斯兰文化的金属工艺，用伊斯兰文化鲜艳的蓝色改变中国人固有的审美趣味，这一文化结合空前绝后，让我们坐享其成。

林语堂先生说过，中国人只要有一把茶壶，走到哪里都是快乐

▼ 我与元青花大盘　土耳其托普卡帕皇宫（杨大洲　摄）

92. 茶之壶

的。文化大师的表达永远独辟蹊径。茶是中国人发明的，中国人至少自己悄悄地喝了上千年才传入欧洲，并很快在欧洲形成了饮茶的习俗。

茶在发现之初仅用于治病。“神农尝百草，日遇七十二毒，得荼而解之。”神农氏由此写出《神农本草经》，成为中华第一部中药学著作。书中将茶写作“荼”，属于茶之古称之一，槚、荈、蔎、茗等都为茶的古称谓，自唐人陆羽《茶经》问世，“茶”才作为主要称谓流传至今。

上古饮茶习俗记载较少，所存文物不多，至唐脉络才清晰。陆羽《茶经》共三卷十节，将茶之源、具、造、器、煮、饮、事、出、略、图和盘托出，其中有关茶具的描述与陕西扶风法门寺出土的茶具相互映照，将唐之茶风尽收眼底。宋代为士大夫得宠的时代，宋茶将唐茶由“煮”变为“点”，由“多味”变为“纯味”，乃茶之精神升华。蔡襄的《茶录》上篇论茶十目：色、香、味、藏茶、炙茶、碾茶、罗茶、候汤、熁盏、点茶；下篇论器九目：茶焙、茶笼、砧椎、茶钤、茶碾、茶罗、茶盏、茶匙、汤瓶。又有徽宗皇帝所撰《大观茶论》，凡二十篇：地产、天时、采择、蒸压，制造、鉴辨、白茶、罗碾、盏、筅、瓶、杓、水、点、味、香、色、藏焙、品名、外焙；二十篇中以“点”为其精华，将宋茶精神一览无余。唐宋有关茶的专著，均未见“壶”。

今壶与古壶完全不同。今壶有流，大进小出，自晋鸡首壶、羊首壶起，至唐宋壶之形象与功能才完善而成。古壶无流，哪进哪出，按《说文解字》释：“壶，昆吾圆器也。象形。”看壶的小篆体，一眼明了，昆吾一说为山名，《山海经》说：“昆吾之山，其上多赤铜。”自商周起，青铜壶流行，圆方皆有，至战汉风行，器型固定，此类壶多为酒器，与茶无涉。

今所见茶之壶多为明代之后佳器，汉唐时反而不见，在宋曰瓶，曰汤瓶，曰急须，候汤之用，也不与茶混于一瓶之内。元人粗犷，不解宋人风情，将宋人苦心经营300余年的茶道抛在马后，撮茶泡饮，久而久之，形成革命，饮茶由达官贵人的唐煮宋点变革为撮泡，随心所欲。此泡水篦茶的饮法专业术语叫“瀹饮”。

至明，朱元璋为使饮茶平民化，也为增加茶税，废团改散。洪武二十四年（1391年），太祖下诏废除团茶，叶茶为贡。中国饮茶习俗就此大转弯，茶及茶具发生了根本变化。宋人斗茶之风销声匿迹，饮茶变得随意。明人也认为此法天趣悉备，尽茶真味。明人沈德符在《万历野获编补遗》中说：“今人惟取初萌之精者，汲泉置鼎，一瀹便啜，遂开千古茗饮之宗。”

茶之壶由此而生。

此时茶壶将茶叶置于壶腹之中，注入沸水，篦茶饮汁，反复冲泡，形成今日茶艺。壶始变化，大致分为提梁壶、执壶、无柄壶三类。

而唐之单柄水器，或许当时被唤作“急须”。北宋人黄裳《龙凤茶寄照觉禅师》曰：“寄向仙庐引飞瀑，一簇蝇声急须腹。”作者生怕后人不解其意而作自注：“急须，东南之茶器。”蝇声指水沸前之声。对照今天出土文物，“急须”南北方均有，南方多为瓷器，北方常见石器。

日本曾派遣唐使把饮茶习俗带回国，许多中古时代的茶文化得以保存。“急须”即为一例。这种偏手柄水器似乎更符合使用习惯，在日本还有“唐羽茶壶”之说，推测取自唐代陆羽茶壶之意。

宋之注子，曲柄长流，嘴细如劈竹，为出水急促，点化茶膏。壶流之长短唐宋分界，功能为点茶而变。唐壶、宋壶均不为泡茶，仅为存水。

而明清两代，急须注子均在中国消失。以瀹饮为乐的中国人最终把饮茶甚至简化成对嘴独饮。唐之繁缛，宋之典雅，元之豪放，明之谨慎，清之潇洒，都成为云烟，说有就有，说无就无。当大碗茶摆上街头之日，就是中国茶艺起死回生之时。

这些年饮茶之风兴起，五花八门的茶道、茶艺遍及大江南北。许多技艺令今人瞠目，令古人汗颜。中国人发明了饮茶，发明了茶器，唐、宋、元、明、清的遗物都是明证。只是今人心浮气躁，不知前人的标高，无法企及。

此事我琢磨了许久，做一套流芳茶具，要有唐格宋调、明韵清风；又要有神妙工巧，人不能及；还要有真材实料，设计绝伦；自己难为自己，一时陷入穷途。幸亏遇到设计师石大宇先生，斟酌反复，数赴东瀛，寻见制工大师，方能在材料、工艺、式样上达到要求，成就了“观复九宫壶”。我按古法择九字：“盃净茶香厚待幽品客”，每字九笔，九九八十一，苦尽甘来。九宫壶文四读，一读如上，二读：“幽品客香厚待盃净茶”；三读：“盃香幽净厚品茶待客”；四读：“幽香盃品厚净客待茶”。每一读妙趣横生，回味绵长。

壶名皆出自唐宋名家，择一词于诗词之中，古风习习，浑然天成。

忘言，出自唐人钱起的《与赵莒茶宴》；

禅经，出自唐人皎然的《对陆迅饮天目山茶，因寄元居士晟》；

云腴，出自宋人苏轼的《西江月 · 茶词》；

千日，出自宋人毛滂的《蝶恋花 · 送茶》；

寒雨，出自唐人王昌龄的《芙蓉楼送辛渐》；

疏香，出自唐人温庭筠的《西陵道士茶歌》；

红裙，出自宋人王之道的《西江月 · 和董令升燕宴分茶》；

松风，出自宋人黄庭坚的《西江月 · 茶》；

杉脂，出自唐人皮日休的《茶中杂咏 · 茶灶》。

在陶器与瓷器之间，有一类作品默默无名：炻器。陶器吸水透气，质地不坚。瓷器阻水阻气，质地致密。炻器特性介于陶瓷之间，吸水不过，透气适度，质地坚中有柔，涩而不滞，天然为茶而生。宜兴紫砂为传统炻器，惜未能坚守品质，鱼目混珠者充斥世间。我们为制作“观复九宫壶”寻遍制壶大师，均未能应允苛刻的制壶条件。今壶多崇尚明清，而“观复九宫壶”源自唐宋，所选材质皆出自日本，富含铁及微量元素，在日本聘请顶级匠人烧造。日本平安时代，相当于中国的宋代，到镰仓室町已有几千家窑厂，所烧壶质地独特，能中和茶中丹宁，去涩持香，名扬遐迩。

经反复甄选，我们选定了九式，取名“观复九宫壶”，急须四把，执壶三把，提梁一把，无柄一把，其中左利急须一把，也为人群左手比例近同。泡茶品种也有充分考量，绿茶、红茶、岩茶、黑茶、白茶、花茶、乌龙茶、普洱茶，乃至冰茶都有照顾，凡爱茶之士，不可能无壶可用。即便不用，“观复九宫壶”的展示也构成室内的一道风景。

为一个时代留下标型物算是长久心愿，在历朝历代的收藏热中，北宋之铜玉，元代之哥釉，明初之香炉，清末之博古，无不拾前人牙慧，不见创新。这组茶壶虽有唐格、宋调、明韵、清风，实为今人创新而非摹古。500年后如能有几套存世，1000年后能有一套侥幸，算是为我们所处的时代画出了一个标高，告诉500年乃至1000年以后的国人，现今还有这样一群人，知行合一，笃行不倦。

壶这个字左右对称，源自实物象形。《说文解字》释为："昆吾

▲ 我与观复九宫壶（吕海强　摄）

93. 清酒，酒之器

圆器也。”昆吾，除了前文提到的是古山名，也是汉族传说的远古人物，相传为陶器发明者。由此推论，最初的“壶”应为陶器。早期土陶器疏松，用之盛酒恐不能胜任，故早期酒器多为青铜。

青铜酒器，以尊、罍、觯、觚、斝、爵、觥、卣最为常见，汉以降式微，只在文字表达中残留部分先秦酒文化，如李白诗句——“金陵子弟来相送，欲行不行各尽觞”；欧阳修《醉翁亭记》——“射者中，弈者胜，觥筹交错，起坐而喧哗者，众宾欢也”。只可惜羽觞和觥这样有情趣的酒器离我们远去了。

中国古酒皆为酿造，求量不求质。饮酒者也以海量为荣，故古酒力弱。《水浒传》中武松过景阳冈饮酒18碗算是大英雄。酿造酒在中国有3000年以上的历史，但都是“浊酒一杯家万里”（范仲淹），“一壶浊酒喜相逢”（杨慎），从不知清酒为何物。

说来也是顺理成章，日本清酒的历史不过千年，有品牌乃是400年以来的事情，此时已是中国的明朝晚期了。清酒算是日本的独门绝技，纯而清。纯米酿造，酒精度远高于中国传统浊酒，由于清纯，入口顺畅，饮之过量属于常态。大部分初饮日本清酒的中国人都有饮过之态。加之清酒后劲极强，有时候感到酒劲上来之时，则大势已去矣。

我平生未饮醉过。酒量是基础，自我控制力是根本。凡饮酒时感觉不比前夕，便自我控制，不再放纵，临界就是最佳的人生状态。然饮清酒不然，几次过量都是清酒，等感觉来了已知事迟，只能凭借意念与毅力使自己不出丑态，不晕厥过去。

饮清酒会过量，酒器也是个原因。一人一壶一杯，自斟自饮，其乐融融。尤其清酒加温之后，香入口，绵入喉，十分顺畅，一杯接一杯直至话密语喧，方入化境。日本酒壶犹如花瓶，置于桌前，与餐具十分般配。每次饮清酒前，我都要先欣赏酒壶一番，无论素色还是彩绘，无论圆器还是异形，先欣赏酒壶就会使饮酒多一份乐趣。

清酒壶被日本人称为德利，这让我十分费解。我查遍手头资料，并不知“德利”的出处。按汉语含义，德为品行，引申为恩惠；利为好处，引申为顺利。德利解释无非是内在与外在之美的结合。清酒壶德利，至少几百年来延续旧制，尺度变化不大，风格多样。

早年我在收藏中偶见一青瓷德利，当时尚不知此为日本清酒壶，只是发现其色深于龙泉，其釉亮于明清，底足处有过于红的火石红，

▶唐代 绿釉长颈瓶 观复博物馆藏

好长一段时间大惑不解，直到有一天在日本看见德利才恍然大悟。标准常见的德利，与唐之器型有类同之感，颈细且短，腹圆且深。隋唐时期最为流行的净水瓶，多年以来沿袭旧称，未做深究。近些年，人们发现这类净水瓶多与小杯共生，由此推断，这类约定俗成的净水瓶非常可能就是隋唐时期流行的酒壶。

这类酒壶，姑且就叫酒壶吧，有黑、白、青、蓝、三彩釉色的，凡隋唐之釉皆有其壶，可见当时之流行。另外，银制、铜制也十分常见。我还见过石质的，一盘托七杯一壶，远至千年，古意盎然。

这样看来，日本清酒壶德利很可能受隋唐酒器影响，渐渐变得

▶唐代　三彩长颈瓶　观复博物馆藏

实用，尤其适用于日本清酒加热饮之，更加实用者把上口扩张，成为漏斗状，也形成了德利的另一种标准风格。

唐人饮酒蔚然成风。从唐代诗人的吟诵诗句中即可领略。王翰的“葡萄美酒夜光杯”，王维的“相逢意气为君饮”，李贺的“人间酒暖春茫茫”，杜甫的“如渑之酒常快意”，岑参的“斗酒相逢须醉倒”，李白的“举杯消愁愁更愁”，白居易的“醉后高歌且放狂”，刘禹锡的“暂凭杯酒长精神”……酒文化必定催生酒具文化，酒壶、酒杯在唐诗中多过羽觞与觥：花间一壶酒，举杯邀明月（李白）；劝君更尽一杯酒（王维）；寒夜灯前赖酒壶（元稹）。流俗的饮酒文化使现在的酒器彻底摆脱远古酒器的局限性，让国人能自如随意地饮酒。

遣隋使、遣唐使显然将唐人的酒器带回日本，今天看日本的清酒壶和酒杯时，多多少少还能传达出远古的文化含义。作为日本酒杯的“猪口”，这两个字的中文含义在此十分难解，据说是小杯如猪口大小而得名。日本清酒常用小杯往往盈握，置虎口之间适中，有时我戏称为“虎口”，与“猪口”相映成趣。

日本的居酒屋是世界闻名的，小而有情趣，我多次在日本与朋友去居酒屋喝酒，当然喝的是清酒。大部分中国人不懂清酒，一开始也喝不出好坏，不知等级，不知流派，去了只管畅饮，一般还没什么感觉就两三壶下肚，高兴之中就飘飘然了。对我来说，喝清酒必须使用德利与猪口，玻璃器具实在找不到清酒的感觉。找不到感觉，酒就喝不好，喝不好还不如不喝。所以说酒器很重要，喝什么酒用什么酒具，绝不能凑合。

大概六七年前一个飘雪的冬季，在北海道，累了一天的我们走进一家小酒馆。街道空无一人，酒馆似乎也快打烊了，我们几人进去时还有些惶恐，生怕主人要下班。老板娘热情地让我们坐下，先烫了一壶清酒，我迫不及待地连饮三杯，由温及暖，热上心头。对于远道而来、非亲非故的客人，这热酒温杯就是亲人。那一晚吃的什么不记得了，也不重要，重要的是清酒带来的温暖以及酒壶和酒杯传达出的千年信息。

▶ 唐代 菊花石盘及一瓶七杯 观复博物馆藏